문창과라니

문창과라니

차례

1부 ——— 입시

유명주	8P
최은영	20P
조예나	28P

2부 ——— 학과 전반

강우진	42p
이지우	52p
김지영	64p
정우	73p
조혜령	85p

3부 — 학과 후반

가빈	100p
김채은	115p
이박하	126p
이서희	138p

4부 — 졸업

김유진	150p
이윤교	162p
유하늘	171p
흐물이	184p

5부 — 축하

고운정 ……………………………… 196P

손장미 ……………………………… 207P

1부

입시

유명주, 최은영, 조예나

발그레 모텔에게

발그레 모텔 씨. 아니, 발그레 씨라고 부를게요. 일단 놀라지 마세요. 제가 지금 어디서 이 편지를 쓰는지 아세요? 바로 서울이에요, 서울!

발그레 씨, 제가 드디어 당신이 있는 곳, 서울로 왔어요. 아니, 그냥 여행하러 온 게 아니라 이곳에 살게 됐다는 거예요. 산과 논밭만 보고 자랐던 제가 높은 건물과 커다란 강을 보고 있어요.

발그레 씨, 그날 기억하세요? 그때 제가 한참이나 걱정했잖아요. 할 수 있을까, 하고요. 그건 벌써 먼 추억이 됐어요. 저는 정말 할 수 있었어요. 모두 발그레 씨 덕분이라 생각해요. 그날 발그레 씨가 없었다면 긴장이 전혀 풀리지 않았을 거고, 수험표를 뽑지 못해서 실기도 보지 못했을 거예요.

생각난 김에 찾아뵈려고 해요. 이번에는 혼자 가게 될 것 같은데, 그때 제가 몇 호에 묵었죠? 그때와 같은

호실을 쓰고 싶어서요. 보시면 바로 답장해 주세요!
 아, 그리고 제가 입만 열면 다들 물어봐요. 어디서 왔냐고. 아직 사투리가 심한가 봐요. 저는 잘 모르겠던데.

첫 경험

 나는 언제나 넓은 논밭과 높은 산을 옆에 낀 채 등교했다. 하루살이가 떼로 모여 다녀서 매 걸음 손을 휘저어야 했던 곳. 장마 직전이라 무척이나 습했고, 그늘이 하나도 없어 선크림은 얼굴을 타고 흘러내렸다. 나는 한시라도 빨리 이 동네를 뜨고 싶었다. 시골이라기에는 백화점이나 대학 병원처럼 있을 것은 다 있지만, 도시라고 하기에는 경운기가 도로 위를 달리고 있던. 그런 너무나 애매하고도 모호한 동네를.

 "문예창작과? 글쎄다. 거기는 어떻게 준비해야 하니?"

 담임 선생님과의 진로 상담에서는 얻을 것이 별로 없었다. 어떻게 준비해야 하냐니, 오히려 내가 여쭙고 싶었던 말이었다. '문예창작과'를 아는 선생님은 별로 없었고, 애초에 지망하는 학생도 나뿐이었다. 사실상 이 좁은 동네에서 예체능을 꿈꾸는 것은 어려웠다. 지방에서는 모두 득이 되는 직업을 꿈꿨다. 안정적이고 장기적인, 그런 꿈. 그에 비해 나는 언제나 작가, 작가, 작가, 그리고 문예창작과를 입에 달고 살았다. 좋아하는 것과 잘 먹고 사는 것이 다르다는 사실을 아느냐는 선생님에게 굶어 죽는 한이 있어도 나만의 재미있는 이야기를 쓰고 싶다고 대답했다. 그만큼 좋아했고 평생을 꿈꾼 일이었다. 그러니 나는 할 수 있다고 믿었다.

'설마 이 코딱지만 한 곳이 나를 방해하겠어?'

집으로 돌아가는 다리 위에는 안개가 잔뜩 깔려 있었다. 스터디실에서 머리를 싸매고 고민하다 보니 어느덧 새벽이었다. 지나가는 차도 사람도 없었다. 저승으로 가는 길, 혹은 산신령이 나올 것 같은 서늘한 분위기였다. 나는 아무렇지 않은 척 노래를 불렀다. 그러다 다리 밑에서 부스럭하는 이상한 소리가 들렸다. 시야에 들어온 것은 통통한 엉덩이와 마른 다리. 헉, 고라니였다. 나는 처음으로 고라니를 봤다. 그리고 동시에 깨달았다. 이 코딱지만 한 곳이 나를 방해하겠다는 것을. 이곳에서 문예창작과를 꿈꾸는 게 어쩌면, 아마도 어려울 수 있겠다는 것을. 잔뜩 긴장된 눈으로 나를 쳐다보던 새끼 고라니의 검은 눈동자. 우리는 한동안 멈춰 있었다.

그 후로 나의 가장 큰 고민은 '어떻게 하면 문예창작과에 들어갈 수 있을까?'였다. 이 좁은 동네보다 작은 고등학교의 경쟁구조에서 예체능 지망자로서 할 수 있는 것이 무엇일까 고민했다. 일단 문학과 관련된 것이라면 뭐든 했다. 도서부 회장은 물론이고 동아리나 행사까지 학생이라면 할 수 있는 모든 것들을. 그래도 나는 만족하지 못했다. 내가 이 꿈을 어떻게 실현해야 할지에 대해 조금 더 확실한 무언가가 있어야 했다. 그리고 머지않아 서울의 어느 큰 대학교에서 백일장을 개최한다는 정보를 알게 됐다.

이거다!

백일장에서 뭐라도 해보자. 기왕이면 상을 타자. 그리고 모두를 놀라게 해주자.

서울까지는 5시간 동안 기차를 타고 가야 했다. 처음으로 부모님 없이 탄 기차. 말로만 듣고 방송으로만 보던 서울을 실제로 보면 어떤 느낌일지 궁금했다. 무척이나 설렜고 떨렸다. 그러나 한편으로 긴장도 됐다. 교내 글짓기는 익숙해도 백일장은 낯설기 때문이었다. 무엇보다 '대학교'라니. 아직 어느 대학에 갈지 확실히 정하지도 못했는데 뭐가 이렇게 갑작스럽고 빠른지. 점점 기차는 빨라졌고 내 눈은 흐려지는 건물들을 따라갔다.

대학교에 가려면 지하철을 타야 했다. 내가 사는 곳에는 배차 간격이 1시간인 마을버스만 있지 지하철은 없었다. 오직 스마트폰 지도에 의존해 지하철역에 도착한 순간, 내게 교통카드가 없다는 것을 깨달았다. 어쩔 수 없이 종이 승차권을 발권해야 했고, 외국인들 뒤에서 조용히 순서를 기다렸다. 기계 모니터에 뜬 꾸불꾸불한 영어가 마치 나를 이방인으로 만드는 듯했다. 나는 파르르 떨리는 손으로 승차권을 받았다. 열차가 도착했다는 방송이 들렸다. 허둥지둥 승차권을 개찰구에 넣고 계단을 내려가 가까스로 열차에 올라탔다. 숨을 고르고, 땀을 닦았다. 그리고 한 정거장이 지나서야 알았다.

'나 지금 잘못 탔잖아.'

나에게 지하철은 원시인이 발견한 불과 같았다. 너무나 이질적이었다. '너무 불공평해.'하고 속으로 투정하며 서둘러 내렸고, 다음 역 이름을 자세히 본 후에야 제대로 탈 수 있었다. 벌써 기운이 빠졌지만 혼자 타게 된 지하철의 모든 것이 신기했다. 이름은 지하철이었지만 가끔은 지상을 달렸다. 건물이 꽤 가까이 있어서 '저기 있는 사람들은 되게 시끄럽겠다.' 같은 생각을 했다. 날이 화창했다. 좋은 일이 있을 것 같은 예감이 들었다.

하지만 곧이어 개찰구에서 나는 또 한 번 당황했다.

개찰구에 넣은 종이 승차권을 안 챙겨 왔다. 나는 승차권을 다시 챙겨야 한다는 것을 전혀 몰랐다. 교통카드를 찍고 나가는 사람들 뒤에 허무하게 서 있었다.

 이렇게 대회장도 못 보고 끝나는 건가? 개찰구를 뛰어넘어야 하나? 혹시 이건 하늘이 내려주신 시험인가?

 어이가 없어서 어처구니없는 상상까지 하며 발을 동동 굴렀다. 지하철의 냉기가 나를 외롭게 만들었다. 지하철을 잘못 탄 것부터 일련의 모든 상황이 나보고 돌아가라고 하는 것 같았다. 애초에 지방에서 백일장을 보러 오기는 힘들다고, 포기하라고, 열리지 않는 개찰구가 그렇게 말하는 것 같았다. 하지만 나는 돌아가지 않았다. 빠르게 뛰는 가슴을 꾸역꾸역 가라앉히며 스마트폰을 꺼냈다. 나 같은 사람이 분명히 있을 것이라는 생각에 인터넷으로 찾아본 결과, 나 같은 사람이 몇백 명이나 있었다. 개찰구에도 비상구가 있다니. 비상버튼을 누르자 역무원에게 자동으로 연락이 갔다.

"그냥 나오시면 돼요."

 기계적인 역무원의 말투에 여태 조급했던 마음이 싹 사라졌다. 나는 가뿐히 개찰구를 밀었다.

 시를 많이 읽지도, 쓰지도 않았지만 나는 운문 부문에 참가했다. 중학교 국어 시간에 내가 쓴 시를 낭독한 적이 있었다. 대충 쓴 서정시였는데 친했던 친구가 펑펑 울었다. 좋아하는 사람이 생각나서 감동적이라며 오열하는 친구가 떠올라 시와 내가 잘 맞는다고 생각했다. 그러나 그 생각은 오래가지 못했다. 눈앞에는 종이 두 장이 있었다. 하나는 시험지, 다른 하나는 연습장.

연습장? 그게 뭐지? 이것도 점수에 포함되는 건가?

나는 심지어 연습장의 존재도 몰랐다. 교내 글짓기 대회에서도 받아본 적 없는 연습장 앞에서 기가 잔뜩 눌렸다. 그래도 기차를 타고 온 5시간을 생각해서라도, 여기에 오기까지 있었던 험난 과정을 생각해서라도 열심히 썼다. 하지만 제출하면서 썩 좋은 기분은 아니었다. 좋은 결과가 나오지 않을 것을 스스로 깨닫고 있었다.

시상식은 커다란 대강당에서 진행됐다. 차례대로 불리는 수상자들의 이름에 환호와 손뼉 소리가 울렸다. 한 수상자가 자리에서 일어났을 때, 나는 놀라고 말았다. 내 앞자리에서 시를 쓴 사람이었다. 가까운 자리에 있었던 사람이 나와는 다른 곳에 서 있었다. 꽃다발을 쥐고 상장을 든 그 사람을 향해 나는 조용히 박수를 보냈다. 그 사람을 포함해 예술고등학교 학생들이 상 대부분을 받아 갔다. 친구들의 축하와 포옹을 받고 일어나는 그들을 보면서 홀로 앉은 내 마음은 저절로 무거워졌다. 저렇게나 꽉 밀착된 포옹을 혼자만의 힘으로 넘을 자신이 없었다.

큰 상은 일반고 학생이 받게 되었다. 대강당이 그 사람의 울음으로 가득 찼다. 수상작을 낭독할 시간, 그 사람이 너무 우는 바람에 심사위원 중 한 분이 "대신해 줄까?"하고 마이크를 가져왔다. 하지만 그 사람은 마이크를 가져오며 "아뇨, 제가 할게요, 할 수 있어요"라고 답했다. 그토록 울먹이고 축축한 낭독회는 처음이었다. 콧물을 훌쩍이는 그 사람을 보면서, 꽃다발을 가득 안고 있는 예술고 학생들을 보면서 나는 순식간에 겁을 먹었다.

'저렇게나 좋아하는구나, 열심히 했구나. 과연 저 애를 이길 수 있을까?'

나는 그 보이지 않는 벽 앞에서 완전히 주눅 들었다.

백일장 이후 이대로 있기에는 조급해서 부모님과 함께 과외 선생님을 구했다. 인터넷으로 이곳저곳 검색하다 찾은 선생님이었다. 다른 지역에 살고 있었기에 수업은 모두 통화로 진행됐다. 처음에는 '명주 씨'하고 나를 높여 불러주는 선생님이 약간 어색했다. 문학을 배우는 사람들은 다 이런가 싶기도 했다. 그러나 그렇기에 수업은 더욱 진지할 수 있었다. 장난칠 틈도 없이 두 시간 동안 문학을 공부했다. 그러다 대학 실기가 얼마 남지 않은 어느 날, 나는 과외 선생님에게 물었다.

"선생님, 제가 문예창작과에 갈 수 있을까요?"

"당연하죠. 명주 씨라면 할 수 있어요."

불안하고 불안정했던 마음이 금세 단단해졌다. 나에게 과외 선생님은 그런 존재였다. 처음으로 문학적인 고민을 나눌 수 있는 어른, 나에게 할 수 있다고 말해 준 어른.

대학 실기를 보러 갈 때는 부모님의 차를 타고 서울로 올라갔다. 기차에서는 보지 못했던 한강 위의 야경과 형형색색인 높다란 빌딩의 불빛들. 예쁘다고 사진 찍는 부모님과 달리 나는 멍하게 올려봤다. 태어나고 자란 곳과는 천차만별이어서 걱정이 들었다. 그러면 자연스럽게 백일장에서의 일이 떠올랐다. 몇 분 동안 눈물 콧물을 쏟아냈던 그 사람. 나는 몇 번의 계절을 보내면서 몇 개의 습작을 썼다. 그 사람보다 늦게 출발한 만큼 부족한 점이 있을 수 있다. 그렇기에 더욱이 묻고 싶었다. 나는 당신과 조금 비슷한 위치에 서게 되었는지.

나는 숨을 천천히 골랐다. 딱딱하게 굳은 자세로 차에서 내렸다. 실기를 보려면 숙소에서 하루를 묵어야 했다. 나는 호텔에서 밤을 보낼 줄 알았는데, 이게 뭐지? 눈앞에는 붉은 조명에 둘러싸인 모텔이 있었다. 간판에 커다랗게 적힌 이름, 〈발그레 모텔〉. 낯간지러운 이름에 고개를 푹 숙였다. 학생인 내가 모텔에 갈 일이 있었을까. 대학에 진학하려고 눈길조차 주지 않았던 곳에 발을 들이다니. 영화나 드라마에서 본 모텔은 주로 범죄자가 득실거리는 곳이었기에 자동으로 어깨에 힘이 들어갔다.

좁은 카운터와 엘리베이터를 거쳐 적막하고 기다란 복도를 따라갔다. 문을 열고 들어간 방은 예상보다 깨끗했다. 문신 가득한 조폭도 피가 묻은 야구 방망이도 없는, 긴장한 것이 무색할 정도의 깔끔함. 심지어 머리카락 하나조차 없었다. 침대 하나만으로 가득 찬 단순한 공간이었다. 나는 침대 위에 풀썩 누워 뒹굴었다. 포근하고 두꺼운 이불이 나를 편안하게 만들어줬다.

좁은 방이 아늑하게 느껴졌고, 텔레비전을 틀자 나오는 유명 예능에 깔깔 웃기도 했다. 푹신한 매트리스에 완전히 몸을 맡겼다. 긴장이 서서히 풀렸고 나는 여유롭게 스마트폰을 만졌다. 그러다 아뿔싸, 수험표를 인쇄하지 않았다는 것이 떠올랐다. 부모님과 나는 재빨리 근처 프린트 카페를 찾아봤다. 어떻게 이럴 수가 있을까. 걸어서 몇 분 안 되는 곳에 24시간 프린터 카페가 있는 것을 보고 다급해진 속은 가라앉았다. 아버지가 혼자 가는 게 위험하다며 같이 가기를 원했지만, 나는 너무 급했고 이미 문을 박차고 나온 뒤였다.

프린트 카페까지 전속력으로 뛰었다. 그간의 일들이

기억을 비집고 들어왔다.

처음으로 지방에서 문예창작과를 꿈꾼 것.

처음으로 지하철을 타고 백일장을 치른 것.

처음으로 과외 선생님을 구하고 의지할 어른이 생겼다는 것.

처음으로 모텔에 오게 된 것.

나는 턱 끝까지 올라온 숨을 뱉으며 수험표를 뽑았다. 달뜬 느낌이 사라지기 전에, 이 헐떡이는 숨이 사그라들기 전에 다시 모텔로 뛰었다. 내 볼은 어느새 발그레하게 물들고 있었다.

다음 날, 첫 실기장으로 달렸다. 그리고 마침내 시제가 발표됐다.

고라니.

고라니였다. 고라니라니, 아싸!

알감자들에게

 여기서부터는 다른 세계인 거야. 벗어나는 거야.
 나는 언제나 터널을 목전에 두고 이런 생각을 했어. 백일장을 가기 위해서 올라탄 관광버스 안에서 말이야. 예술고 문창과가 아닌, 완전히 다른 무엇이 되어야 무사히 백일장을 마칠 수 있을 것 같았거든.
 모두 같은 마음이었을까. 우리는 어느 순간 감자가 되었지. 대홍단 왕감자도 아닌, 조그만 알감자를 자처했어. '삶은, 감자.'라고 말하던 날들을 기억해. 원래 삶은 감자는 퍽퍽한 게 당연하다고 웃던 낮과 밤이 있었어.
 새벽 4시의 관광버스 안은 언제나 부산스러웠어. 여기저기서 시집 넘기는 소리와 딸깍이는 볼펜 소리가 났지. 메모장을 열면 다급한 내가 크게 소리치고 있었지. 주제 놓치지 말기. 묘사 허투루 하지 말기. 다른 곳으로 흘러가지 않게 주의하기. 마지막으로, 글제에 흔

들리지 말기.

 모든 목소리를 감당하기 위해서 나는 그 작은 구황작물 뒤에 숨었던 것 같아. 그 옆에는 너희가 있었지. 그저 알감자일 뿐이라고, 그러니 괜찮다고 서로를 다독이던 다정한 팔을 기억해. 살다 보면 이 기억들이 나를 붙잡겠지. 언제나 여기에 붙들리고 싶어. 그러면 계속 쓸 수 있거든.

 알감자는 다 같은 마음이지?

우리, 여기 있음

 조용한 교실에 앉아 있으면 열어놓은 창문 너머로 아크로바틱을 연습하는 연기과의 기합 소리가 들렸다. 둥둥둥, 하는 무용과의 북소리도 함께였다. 바깥에 홀릴수록 정신은 점점 판서에서 멀어졌다. 그러면 책상 서랍에 있던 시집을 폈다. 교과서에서 가장 여백이 많은 부분을 찾아 시를 필사하고 있으면 금세 수업이 끝났다.

 쉬는 시간이 되면 우리는 저마다 수업 때 쓴 쪽지와 필사 종이를 내밀었다. 제주도 바다를 보며 주먹밥을 만들어 먹자는 이야기나 실기 평가 때 본 누군가의 글이 좋았다는 내용이 적혀 있었다. 시인의 시가 적혀 있기도 했고, 소설 속 한 문단이 인용되어 있기도 했다. 온전히 수업에 집중한 사람은 없냐고 물으면서도 우리는 언제나 그랬다.

 어떤 달에는 공모전과 겹친다는 이유로 모의고사를

보지 않기도 했다. 그런 날에는 다 같이 실기실이 있는 5층으로 올라갔다. 5층 복도에는 긴 탁자와 동그란 탁자가 하나씩 있었다. 각자의 노트북을 펼쳐놓고 글을 쓰다가도 누군가 입을 떼면 장날의 시장이 되기도 했다.

"내 거 한 번만 읽어줘. 이 문단 잘 읽혀?"

"나는 이런 느낌 좋은데, 더 보여줘야 할 것 같긴 해."

"시 제목 어떡하지? 이거 어때?"

"지금 너무 가까워."

"이거 쌤 보여드리고 싶은데, 지금 바쁘시려나?"

"프린트하는 척 슬쩍 과 사무실 들어갔다 와보자."

한 명씩 자리를 뜨거나 노트북 화면으로 들어가고 나면 다시 조용해졌다. 제각각의 키보드 치는 소리가 복도 곳곳을 메우면 그사이로는 영어 듣기 평가 소리가 흘러 다녔다. 종소리가 몇 번씩 울려도 우리의 마감은 쉽게 끝나지 않았고, 담임 선생님은 카톡으로 우리를 부르기 일쑤였다.

〈얘들아, 종례하게 내려오렴.〉

3학년이 된 후에는 우리끼리 5층에 올라가는 일이 더 많았다. 실기 날 모의 면접을 한다는 소식이 들려오면 아이들은 몇 장짜리 A4 종이뭉치를 들고 다녔다. 면접 예상 질문지였다.

"좋아하는 국내외 작가 이름과 이유를 대보세요."
"그들의 공통점은 무엇이었나요?"
"문학이란 무엇이라고 생각하세요?"
"답변자에게 소설은 무엇입니까?"
"궁극적으로 쓰고 싶은 글은 뭔가요?"

장난이 섞인 날카로운 눈초리로 서로에게 질문을 던지다가도 앉아 있는 친구의 목소리가 떨리거나 대답이 막히면 옆에서 작게 들려오는 소리가 있었다.

"할 수 있어! 대답해야지!"

어떤 날에는 아이들이 하나도 없는 5층에 덩그러니 놓여있기도 했다. 모의 실기를 해야 하는 순간들이었다. 언제나 옆구리에 끼고 다니던 노트북은 교실에 내려놓고, 과 사무실에서 받은 2000자 원고지 2장을 들고 탁자에 앉으면 괜히 공기가 더 차갑게 느껴졌다. 두 무릎을 담요로 감싸놓고 비장하게 펜을 잡곤 했다. 빈 종이를 마주할 때마다 드는 생각이 있었다.

'내 안에 길어 올릴 뭔가가 아직 있을까, 과연 쓸모 있는 것일까.'

새로운 것을 써내야만 하는 하루와 그렇게 쓴 글에 대한 평가는 곧 나의 부족함으로 이어졌고, 쌓여오는 주눅을 이겨내야만 하는 상황 속에서도 나는 흔들릴 수 없었다.

'흔들리는 순간 주저앉게 되고 말 거야. 아주 오래

일어날 수 없을지도 몰라.'

 이런 위기감이 들면 생각을 더 이어가지 않았다. 곧바로 1시간 타이머를 맞췄다. 원고지와 같이 받아온 이면지가 가득 차면 머릿속이 조금 선명해졌다. 구상을 따라서 글을 쓰고 나면 바로 타이머를 껐다. 46분. 어떨 때는 52분. 시간은 잘 맞았다. 중요한 것은 다음이었다. 곧바로 원고지 두 장을 실기 선생님께 가져다 내고 나면 보통 점심시간이었다.

 흩어져 있던 아이들과 급식실 줄 앞에서 만나면 다시 장날의 시장이 되었다.

 "시 애들 내일 뭐 한대?"

 "모의 실기하고 김언 시집 읽을 것 같다던데."

 "우리도 모의 실기하고 배수아 단편 분석한대."

 "그럼 너 모의 실기를 몇 번 하는 거야? 미쳤네."

 "저번에 시 반에서도 배수아 소설 주신 적 있는데. 재밌고 어려웠어."

 "나도 읽어봐야겠다."

 "극작 반은 뭐 한대?"

 "우린 영화 본대."

 "부럽다."

 "보고 분석하고 영화 속 주제 하나 정해서 모의 실기한대."

 "안 부럽다."

"오늘을 즐기자."

피할 수 없으면 즐기자거나, 즐길 수 없다면 버티자거나, 끝까지 버티는 사람이 이긴다는 말들은 우리의 입버릇이었다. 특히 나는 말하는 대로 된다는 믿음이 강한 사람이었다. 모의 실기가 계속되어도, 자꾸만 문학이 무엇인지 대답해야 하는 상황에 놓여도, 애틋한 아이들과 끝까지 경쟁자가 되어야 한다는 사실을 뼈저리게 느끼는 상황에서도, 그래서 정말로 아이들을 축하할 수 없을 것 같을 때도 딱 두 가지만 되뇌었다.

모든 것은 정신력의 문제이고, 말랑한 것이 부러지는 일은 없다.

점심을 먹고 나면 실기 선생님이 나를 과 사무실로 불렀다. 앉아계신 선생님들은 조용히 업무를 보고 계셨다. 간헐적으로 들리는 키보드 소리를 배경음으로 피드백을 들었다.

"일정하게 뻗어 나가야 해."
"이미지는 재밌는데 인물이 아쉬워."
"이 부분 장면은 더 길게 나와야 할 것 같지?"
"더 큰 목소리로 또박또박 이야기해야 해."

가끔은 계속해서 부족한 내가 실망스러웠고, 가끔은 애정이 담긴 에피소드가 버려지는 것이 슬펐다. 어떻게 쓰고 싶었냐는 물음이 오면 가끔은 해명하는 마음이 됐고, 가끔은 이 글이 실패했다는 참담한 마음에 입이 다물어지기도 했다. 그렇지만 나는 언제나 같은 대답을 했다.

"다시 고쳐올게요."

교실로 돌아오는 길, 복도에 보이는 것은 돗자리를 깔고 앉아서 시집을 읽거나 친구의 허벅지를 베고 자는 아이들의 모습이었다. 언제나 그들은 수정 사항을 메모한 빨간 원고지를 한 손에 들고 있는 나를 반겨주었다.

"수고했어. 여기 앉아봐. 오늘 바람이 시원해."

"이 시집 볼래? 짱 좋아."

"나무가 진짜 빨리 자라는 것 같아. 어제보다 잎사귀가 더 컸어."

"너 이 밴드 노래 알아? 이거 들어봐."

"우리 지금 예쁜 것 같아. 영상 찍을까?"

동시다발적으로 아이들의 말소리가 들려오면 마음이 안정됐다. 각자 다른 말을 하는 이상한 우리의 대화는 길을 잃는 법이 없었다. 언제나 또렷하게 다정을 향해 나아가는 대화임을 모두가 알고 있었기 때문일까.

나는 우리가 서로의 목소리를 들을 수 있는 거리에서 곁을 내어주고 있다는 사실이 좋았다. 팔을 벌리고 있구나. 직감적으로 느끼게 되는 순간이었다.

"좋아. 다 좋아."

선생님께

선생님, 조예나입니다. 그동안 잘 지내셨나요.

제가 졸업한 지도 벌써 몇 년이지만 용기가 나지 않아 연락 한번 드리지 못했습니다.

선생님은 기억하실까요. 어느 학기 말, 저는 단순히 사회 수업을 빠져도 된다는 말을 듣고 교내 백일장에 참가했습니다. 그 후 며칠이 지나 선생님은 저를 따로 불러내셨어요. 제 글을 무척이나 잘 읽었다고 하시면서요. 어떤 책과 작가를 말씀하시면서 그 작품이 생각나는 글이라고, 정말 잘 썼다고 해 주셨습니다.

몇 분 안 되는 쉬는 시간을 쪼개 제게 칭찬을 건네주시던 선생님. 선생님께 이 자리를 빌려 고백합니다. 사실 저는 그때 제게 해주신 말씀을 거의 못 알아들었습니다. 처음 듣는 책 제목과 모르는 작가의 이름. 그냥 열심히 고개만 끄덕였습니다. 들어본 적 없는 종류의 칭찬이 어색해서, 좋은 말씀을 해주시는데 그 앞에서 못 알아듣는 티를 내면 안 될 것 같아서.

저조차 잊고 있었던 그때의 수상 기록을, 졸업을 눈앞에 둔 상황에 다시 끄집어내게 될 줄 몰랐습니다. 선생님, 저는 아직도 솔직하지 못했던 그때의 제가 부끄럽습니다. 그런데 그랬던 제가 지금은 가장 가까이에 글을 두고 있습니다. 그리고 제 글을 쓰고 있습니다.

문예창작과에 진학하게 되었다는 말에 놀라면서도 의아해하진 않던 동창들, 과를 묻기에 문예창작과라고 답하자 '어쩐지.'하며 잘 어울린다고 하던 사람들.

제가 글을 쓰게 될 줄, 선생님은 알고 계셨습니까?

연주 시차가 너무 작다면 맥동 변광성을 토대로 절대 등급을 구하겠지만

고등학교 시절 어느 가을. 해가 다 지고 학교 운동장에 모여 천체망원경으로 달을 관측하던 날, 접안렌즈에 눈을 대며 생각했다.

'아, 나는 이 순간을 평생 잊지 못하겠구나.'

그러나 지금 다시 떠올려 보면 거의 기억도 안 난다. 그때의 내가 이 사실을 알게 된다면 못내 야속하겠지만, 세상에는 어쩔 수 없는 일들이 있는 법이다.

아무 생각 없이 흘러가듯 살다 보면 막연하게 어떻게든 되겠지 싶은 것들이 있다. 내게는 그것이 '나는 쭉 이렇게 살겠구나.' 하는 것이었다. 세상이 청춘들더러 '꿈은 직업이 아닙니다. 하고 싶은 일, 가슴이 시키는 일을 하세요'라고 말하고 있을 때, 나는 학교가 짜주는 시간표대로 사는 것이 제일 좋았다. 정규교육이라는 말, 얼마나 안정적인가.

하고 싶은 것이 없는 나에게 찾아왔던 위기의 순간

은 바로 문·이과 통합이었다. 그러니까 학기 말에 다음 학기의 교과서를 받는 것, 그리고 새 학기가 되면 알아서 배정받은 반으로 가는 이런 것들이 이제는 당연하지 않게 되었다는 소리였다. 이제는 내게 주어질 교과서를 직접 골라야 했다.

다가올 시험을 생각하면 배울 과목을 고른다는 것은 당연한 일이었다. 하지만 대뜸 이제부터의 학교생활이 오롯이 나의 선택으로 흘러가게 될 것이라는 말은 또 다르게 느껴졌다. 불쑥 다가와 버린 선택의 시간이었다.

그렇지만 생각보다 막막하지는 않았다. 가족에게 물어봤기 때문이다. 떠넘겼다는 뜻이다. 가족들 모두 전공이 공학 계열이기도 했고, 나는 이래도 그만 저래도 그만이었으므로 우리는 선택지의 절반 정도를 없는 것으로 여겼다. 배운다면 나도 그 계열로 가는 것이 당연했다.

"그래서, 이 중에서 뭘 배우고 싶은데?"

"글쎄요."

"뭐가 재미있어?"

"딱히 없어요."

"그냥 이거랑 이거?"

"네."

그걸로 끝. 그렇게 나는 이과의 길을 걷기 시작했고,

인문계열에 어떤 과목이 있었는지는 아직도 모른다. '이과'가 무슨 특정한 과의 이름도 아니고, 그 안에 또 세세한 분야가 다 나누어져 있지만 그런 깊은 생각까지는 하지도 않았다. '그래, 나는 이대로 이렇게 가겠구나.' 하고 말았다.

진로에 고민이 많은 것이 당연한 시기. 하지만 나는 그렇지 않았다. 따로 수단이 있는 것이 아니라 그냥 생각이 없었다. 다시 말해, 나는 살면서 어떤 일을 하고 싶다, 어떤 직업을 가지고 싶다고 생각해 본 적이 없었다. 막연한 상상조차 말이다. 그래서 더욱 '꿈'이라는 단어에 환상을 가졌고 동시에 두려워했다. 꿈은 객관식이 아닌 주관식 문제였고, 나는 그 빈칸에 적을 답이 없었다.

자신이 원하는 것은 어떻게 해야 알 수 있는가? 나는 앞으로의 몇 년은커녕 당장 내일에 대한 기대조차 없었고, 그렇기에 다가올 미래를 싫어했다. 나에게는 그저 다음 날 눈을 떴을 때 가야 할 곳만 있으면 됐다. 눈을 안 뜨면 그 이후는 생각하지 않아도 되는 영역이었다. 그렇기에 내게 학교는 가장 안정적인 공간이었다. 아침에 등교했다가 수업이 끝나고 하교하는 것, 다음 날이 되면 어제와 똑같이 등교했다가 하교하는 것. 나는 그런 반복적인 활동만을 원했다. 강제성이 없으면 아무것도 하지 않으려고 했기 때문도 있다. 그러나 여기서 더 시간이 지나자, 이 또한 '아무래도 괜찮은' 상태가 되어 있었다. 내가 있어야 하는 자리가 굳이 필요한가.

그래도 무언가를 배운다는 것 자체는 즐거웠다. 잘한다, 못한다를 떠나서 나는 세상에 이미 내려져 있는 정의가 좋았다. 공식을 대입하면 답이 나오고, 절차를 따르면 결과가 나오는 것이 편했다. '그래서 화자가 그런 선택을 한 이유가 무엇인 것 같나요?'라는 질문들에는 '그러고 싶어서 그랬나 보죠.'라고 했다. 나는 타인의 의도를 파악하는 것에 둔했다. 나였다면 어떻게 했을까, 하는 생각을 해보려 해도 실제로 내가 그 상황에 있지 않은 한 이입이 되지 않았다. 그냥, 굳이 따지고 싶지 않았다. 그의 자유를 존중했다.

나는 나의 의견을 묻지 않는 과목이 좋았다. 자율성이 필요할수록 힘들었다. 각 문제에 어떤 공식을 대입해야 하는지, 결론이 가설과 달랐던 실험의 원인이 무엇인지를 분석하는 자율성과는 달랐다. 그저 내게 선택권을 주지 않았으면 했다. 나보다 훨씬 똑똑한 사람들이 수백 년 전 골방에 틀어박혀 겨우 정의 내린 공식들을, 온갖 시행착오 끝에 찾아낸 실험을 가져다 달라.

아직도 정답을 모르는 수업 내용이 있다. 고등학교 사회 시간, 자기 삶에 있어 행복한 순간들을 기준으로 그래프를 그리는 수업이었다. 특이했던 것은 실제 있었던 일은 물론이고 앞으로 일어날 일까지 예상해서 그려내야 했다는 점이다. 짝꿍이 언제 취직하고 결혼해서 애를 몇 명 낳고 말년에는 어디에 집을 구해 살 것인지를 적고 있는 동안 나는 흰 종이 위의 x축만 한참 바라봤다. 선생님이 다가와 왜 그러냐며, 어디서 막혔는지 물어오실 때까지 그렇게 가만히 있었다. 결국, 나는 종이 치기 몇 분 전 적당히 무난해 보이는 삶을 그려낸 종이를 제출했다.

나는 남의 계획을 듣는 것에도, 내 계획을 짜는 것에도 흥미가 없었다. 차라리 속력이 다른 두 자동차 A, B가 동시에 같은 기준선을 통과했을 때, 특정 구간에서 A가 등가속도 운동을 했고 B가 등속도 운동을 했다면 두 자동차가 기준선을 통과하는 순간의 속력비는 어떻게 되는지 물어보기를 바랐다. 최소한 대답이라도 할 수 있으니까. 그것도 아니라면 대륙이동설을 주장할 수 있는 증거를 말해보라고 하는 것도 나쁘지 않다. 아니 여러분, 떨어져 있는 두 대륙에서 같은 종류의 고생물 화석이 발견되었다고요. 그리고 그 두 대륙의 해안선이 일치한다니까요. 누가 봐도 내 인생이 앞으로 어떻게 흘러갈지보다는 훨씬 흥미롭다.

이론을 배우는 과목 중 가장 좋아했던 것은 과학이었다. 천문학과 지질학의 매력을 아는가. 공기 맑은 곳에서 한밤중이 되면 거리로 나와 깨진 가로등 아래 서서 별을 바라봤던 적이 있는가. 그리고 그 많은 별 중 이름을 아는 별이 없어 분했던 적이 있는가. 그날, 시야 가득 달을 마주했던 순간, 나는 벅찬 마음에 친구와 함께 웃으면서 운동장을 뛰어다녔다. 나는 왜 그것을 평생 잊지 못할 거라는, 그런 오만한 착각을 했을까. 그때 내가 느낀 '벅참'은 어디로 가 버렸을까.

  물리학 시간이면 책상에 전압계와 전류계를 올려두고 실험을 시작하라는 선생님의 말씀만 오매불망 기다리던 때가 있었을 것이다. 과학실 청소 당번을 정할 때면 자발적으로 손을 들었다. 실험기구 진열장을 공들여 닦으며 유리 너머의 기구들을 훔쳐봤다. 내일은 실험 수업이 있으려나, 하면서. 과학 관련 활동은 늘 즐거웠다. 가리지 않고 크고 작은 교내 대회에 참가하다 학교 대표로 뽑혀 도내 에어 로켓 대회에 나갔던 적도 있었다. 낯선 지역의 낯선 학교, 체육관에 일렬로 설치된 로켓 발사대들. 나는 여러 학교에서 모여든 학생들과 이야기를 나누며 로켓을 만들었다. 이야기는 발사대 앞에 줄을 서면서도 이어졌다. 이 대회를 앞두고 잠도 제대로 자지 못했다는 사람, 춤추는 게 좋아서 전문 학원에 다니고 있다는 사람, 크기 계산이 잘못됐는지 발사대에 로켓을 끼워보지도 못하고 자리로 돌아온 사람. 그는 아쉬운 기색 하나 없이 돌아오더니 그저 어이가 없다며 웃었다. 순간 한쪽에서 들리는 탄식에 모두가 같은 방향으로 고개를 돌렸다. 발사각을 잘못 맞춘 로켓 하나가 체육관 천장 구조물에 끼어 있었다. 그것을 보며 일부는 웃었고 일부는 불안해했다. 그리고 그 옆에는 기회를 모두 날려 버렸다며 우는 사람과 그를 달래는 사람이 있었다.

부러웠다. 잠 못 이룰 정도로 진심일 수 있다는 것이, 하고 싶은 게 있어서 자발적으로 배우고 있다는 것이, 뭘 해보지도 못하고 끝났는데 시원하게 웃을 수 있다는 것이. 천장에 끼어버린 로켓은, 천장이 없었다면 어디까지 갔을까. 무언가 기대하는 것이 있었기에 나올 수 있었던 울음. 어떤 울음은 사람을 부럽게 만든다.

신기하지 않은가, 세상에 존재하는 현상들을 과학적으로 설명할 수 있다는 것이 말이다. 물은 투명한데 왜 바다는 파란색인지, 불꽃놀이의 다양한 불꽃색은 어떻게 만드는지, TV 프로그램의 전송 원리는 어떻게 되는지. 이런 일상 속 사소한 것들을 궁금해한 적이 있으리라. 그리고 과학은 질문에 친절하게 답해준다. 끝내 과학이 알려주지 않은 것은 내가 앞으로 어떻게 살아야 하는지였다.

삶에 대한 그래프를 그리는 활동이 끝난 이후, 선생님은 나를 조용히 불러 상담을 권유하셨다. 이유도 모르고 들렀던 상담실. 상담 선생님은 기다렸다며 내게 백문백답 용지를 주셨다. 그리고 나는 상담 시간 내내 그 종이 앞에 앉아 있었다. 자기 신경 쓰지 말라며 본인의 업무를 보시는 선생님을 앞에 두고 그렇게. 적당히 요령 있게 아무거나 적어내고 그 자리를 빠져나올 수도 있었을 텐데 나는 그냥 끝까지 앉아 있기만 했다.

따지자면 나는 앞서 '가장 좋아했던 건 과학이었다.'라고 쓰기까지도 긴 시간이 필요했다. 내가 정말로 과학을 좋아하는 게 맞나? 어중간하게 좋아하는 수준일 뿐인데 그렇게 말해도 되는 것일까? 나보다 더 과학을 좋아하는 사람에게 실례가 되는 말이라면? 좋아한다고 말하면서도 막상 성적이 아주 좋았던 건 아니었는데 그것은 또 어떻게 설명하지? 당장 고교 과학도 지구과학, 물리학, 생명과학, 화학으로 나뉘는데 그중에서도 '제일 좋은' 하나를 고르지 못하는 내가 '과학'을 좋아한다고 말해도 되는 것일까? 이 글에 과학을 좋아했다고 쓴 것을 후회하게 된다면?

천성이 소심한 것인지 귀찮을 정도로 완벽주의자인지, 일종의 반항인지도 모르면서 어디 누군가에게 물어보지도 않았다. 무슨 대답이 돌아올지 막연하게나마 이미 알고 있기 때문이었다. 나는 '만약에'가 싫었다. 미래가 무서웠고 생각하기도 힘들었다. 그런데 후회는 착실히 했고, 그만큼 두려워했다. 극도로 두려워한 나머지 일어나지 않은 일도 미리 후회하곤 했다. 그리고 그 순간이 찾아오면 내가 그렸던 그대로 똑같이 후회했다. 예행연습이 무색하게 타격이 없는 것도 아니었다.

  수능이 끝나고 아무런 연락을 받지 못하고 수시 여섯 곳 모두 떠나보냈을 때, 나는 앞으로의 내 인생을 전혀 그릴 수가 없었다. 수능이 끝나면, 나아가 성인이 되면 알아서 모든 게 끝나기를 바라고 있었다는 것에 더 가까웠다. 생각하기가 싫었으니까. 하지만 당연히 시간은 흘렀고, 담임 선생님과의 마지막 입시 상담이 잡혔다. 그날 선생님의 입에서 나왔던 것은 잊고 있었던 지난날의 교내 백일장 대상 수상 이력이었다.
  "글을 써보는 게 어떻겠니?"
  잘할 수 있을 것 같다는 선생님의 말씀. 이제껏 단 한 번도 생각해 본 적 없던 일이었다. 어떤 학교에 글을 쓰는 과가 있는지도 모르던 나에게 선생님은 몇 개의 학교를 짚어주셨다. 창작의 기본 지식도 없이 실기를 봤던 학교 중 한 곳에서 마지막 추가 합격 연락이 왔다. 그대로 나는 글을 쓰는 사람들 속에서 글을 쓰기 시작했다. 이제까지 배웠던 문학 수업과는 아예 결이 다른 소설 창작과 시 창작, 그리고 동화와 방송, 출판까지. 여기가 내가 있을 곳이 맞나 싶었다. 달리 가고 싶은 곳도 갈 수 있는 곳도 없었으면서 그런 생각을 했다.

　창작 강의들은 학기마다 몇 개씩이나 돌아왔다. 그때마다 나는 쓰고 싶은 글도, 소재로 쓸 만한 것도 없어서 제자리만 돌았다. 글을 쓰는 것은 결국 나였기에 모든 것은 '나'로부터 시작해야만 했다. 내가 쓸 수 있는 것, 그러니까 내가 아는 것들. 어쩌면 밤늦게까지 학교에 남아 운동장에 망원경들을 펼쳐놓고 별을 관측하는 것이 아니었을까. 불이 다 꺼진 학교에 유일하게 켜져 있던 과학실의 형광등, 밤하늘 아래서 지나치게 격양된 학생들, 웃고 계시던 선생님들. 그런 것이 아닐까.

　아무 생각 없이 바라보던 달이었지만 이제는 일종의 기대를 한다. 뭐라도 생각났으면 하는 그런 기대. 글을 시작할 수 있을 소재를 어디서 구할 수 있는지 상상은 안 가더라도, 아예 달이 뚝 떨어지거나 하다못해 외계인이 고개라도 내밀면 글감 걱정은 안 될 텐데, 하면서.

　여전히 나에게는 아무것도 없다. 나는 아직도 내가 뭘 할 수 있는지, 뭘 하고 싶은지 모른다. 어영부영 시간을 보내는 사이 세상은 빠르게 변했으며 내 주위 환경도 달라졌다. 이제 고등학교 동창들이 자기 전공 애기를 해도 바로 알아듣지는 못한다. 분명 몇 년 전만 해도 같은 교실에 있었는데 말이다. 신기했다. 내가 계속해서 살아가고 있다는 것이, 우주는 이 순간에도 계속 확장하고 있다는 것이. 우리가 인식할 수 있는 우주의 크기를 구하기 위해서는 별의 연주 시차값을 이용하거나 상대 등급과 절대 등급을 관계식에 대입하여 측정하겠지만, 사람의 인생은 어떻게 측정할 수 있을까?

당장 지구에 가장 가까이 있는 항성도 약 4광년 거리에 있기에 그 빛을 보기 위해서는 장장 4년을 기다려야 한다. 설령 어떤 별이 폭발해 사라진다고 해도 지구가 그 사실을 알게 되는 것은 그로부터 오랜 시간이 지난 후일 것이다. 게다가 이는 빛이 지구를 향해 직선으로 올 때만 해당한다. 우주에 있는 다양한 천체들과 그 천체들의 중력, 빛의 굴절을 생각해 보면 빛의 진행은 완전한 직선일 수 없다. 여기에 지구마저 공전과 자전을 하니, 실제로는 더 오랜 시간이 걸릴 것이다.

이렇듯 우주의 크기는커녕 별과 지구가 얼마만큼 떨어져 있는지조차도 정확하게 알 수 없는 마당에, 내가 뭐라고 내 인생을 알겠는가. 내가 이 글을 쓰게 되리라는 것도 전혀 알지 못했다.

그리고 세상일은 정말 알 수 없는 것이, 나는 첫 학기에 전체 수석을 했다.

2부

학과 전반

강우진, 이지우, 김지영, 정우, 조혜령

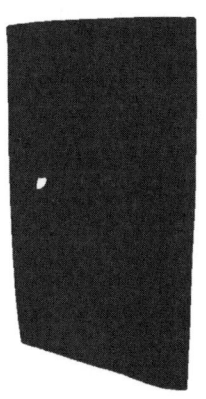

선생님께

선생님, 안녕하세요. 잘 지내셨어요?

저는 적당히 지냈어요. 못 지냈다기에는 좋은 일이 많았고, 잘 지냈다고 하기에는 힘들었던 기억이 나요.

선생님이랑 과외 했을 때가 생각나요. 그때 저는 그냥 대학에 가고 싶다는 일념만 있었어요. 어느 과에 가야 할지 모르겠다는 말에 누가 문창과를 추천해 주더라고요.

"너 글 쓰는 거 좋아하잖아."

저는 '그런가?' 하고 잘 모르겠으면서도 막상 다른 건 생각나지 않아서 입시를 준비했어요. 어떻게 보면 조급했던 것 같아요. 다들 목표를 정하고 차근차근 나아가는데 저만 제자리에 있는 기분이 들었으니까요. 많은 입시 과외 중에 선생님을 선택한 데에는 이유가 있었어요. 오픈채팅에 들어가서 성별이 어떻게 되시냐고 물어봤을 때 그걸 왜 물어보냐고 차갑게 대답하셨던 거요. 제가 당황해서 여자 선생님을 구하고 있다고 하니까 요즘 이상한 사람들이 많아서 예민했다고, 죄송하다고 사과하셨죠. 저는 그 모습이 꼭 저 같았어요. 경계심 많고 예민한 사람이요.

사실 저는 성실한 학생은 아니었어요. 과제 분량을 못 채워서 매번 뭐라 변명해야 할지 먼저 고민했으니까요. 근데 그럴 때마다 "괜찮아요, 수진 씨. 했으니 됐어요." 그렇게 말씀하셨잖아요. 그런데 입학하고 나서는 달랐어요. 분량을 못 채우는 것은 말도 안 되는 일이더라고요. 대부분 과제에는 주제가 없으니 뭘 써야 할지도 모르겠고 합평 받는 것은 너무 두렵고. 그래서 아무것도 하고 싶지 않았는데 문득 선생님이 생각났어요.

'했으니 됐다.'

자기 위로일 수도, 무책임할 수도 있는 그 말에 저는 부담감을 내려놓을 수 있었어요. 감사합니다. 왠지 이 말이 하고 싶어서요. 감사했습니다.

맞다, 아직 글 쓰고 계시나요? 그냥 그래 주세요. 저도 절필 안 해볼게요.

그럼 안녕히 계세요.

합평의 실체를 밝힙니다

 글은 좋은데 글쓰기는 싫었다. 문창과에 들어오고 나서 깨달았다.
 "그게 무슨 밥은 좋은데 밥 먹기는 싫다는 말이야?"
 황당하다는 동기의 말에 나도 내가 답답하게 느껴졌다. 문창과 학생이 글쓰기를 싫어한다는 게 말이나 돼? 그러니까 이게 무슨 말이냐면, 문창과는 혼자 글을 쓰며 갈고닦기만 하는 곳이 아니라는 것이다. 글을 쓰고 다른 사람에게 평가받는 곳이다. 다시 정확히 말하면 나는 글쓰기를 싫어하는 것이 아니라 글 평가받기를 싫어한다고 할 수 있겠다.
 어떤 사람들은 글쓰기가 내향적이고 차분한 행동이라고 생각한다. 하지만 내가 착각했던 사실이 있었다. 지금부터 쓰는 모든 글은 나 혼자만 보는 게 아니었다. 끊임없이 누군가에게 보여주고 고쳐야 했다. 그것도 한 명이 아닌 다수의 사람에게 말이다. 그걸 자각하자 불안해서 가슴이 쿵쿵 뛰었다. 그 무렵에는 잠도 제대로 자지 못했다. 새벽 네 시에 자다가도 벌떡 일어나 노트북을 켤 정도로 불안정한 상태가 되었다. 무거운 부담감에 휩싸인 채로 합평 날짜가 빠르게 다가왔고 우리 과에는 소문이 하나 돌았다.

"얘기 들었어? 누가 합평 받고 울었대."

"헉, 어떡해."

안타까운 탄성이 터져 나왔다. 다들 이름도 모르는 누군가를 안쓰러워하고 있었다. 나는 그게 내 얘기가 될 것 같아 오들오들 떨었다. 마음 같아서는 기절이라도 해서 합평이 끝난 뒤에 깨어나고 싶었다. 한편으로는 "울 정도인가?"라고 얘기하는 친구도 있었다. 나는 정말이지 그 애가 진심으로 부러웠다. 글을 아주 잘 써서 걱정이 없는 것이 틀림없었다. 나처럼 불안한 마음을 평생 모르겠구나, 하고 그 애의 실력과 단단한 내면에 질투가 났다. 그런데 막상 그 친구의 글을 읽어보자 생각보다 잘 쓰는 편이 아니라고 느꼈다. 못 썼다는 것은 아닌데 뭔가 부족한 점이 보이는 어설픈 글이었다. 합평문에는 빨간색 밑줄이, 물음표가, 피드백이 하나둘 늘어갔다. 그런 사람이 나뿐만은 아니었는지 그 애의 합평 시간에는 좋은 말보다 쓴 말이 더 많았다.

'왜 이렇게 전개되는지 모르겠어요.'

'작품 내에 이 인물이 필요해 보이지 않아요.'

'무슨 말을 하고 싶었던 건가요?'

생각보다 따가운 말에 내가 더 쓰라려하면서도 그 애의 반응이 궁금했다. 그 애는 별말 없이 받아 적더니 퇴고할 때 참고하겠다고 말하며 자리로 돌아왔다. 나를 포함한 다른 애들은 슬금슬금 눈치를 봤다. 수업이 끝나고 우리는 나름 말을 골라 위로를 전했다.

"나는 네 글 좋았어."

"마지막 장면 좋더라, 그렇게 끝나는 거."

친구는 고맙다고, 하지만 괜찮다고 얘기했다. 나는 애써 그렇게 말하는 것 같아 안쓰럽다고 생각했다. 그렇게 시간이 지나 내 합평 날도 다가왔다. 잔뜩 긴장했던 것이 무색하게도 그리 나쁘지는 않았다. 내가 쓰면서도 갸우뚱했던 부분을 지적받으면 고개를 끄덕였고, 누군가 생각지도 못했던 문제를 제시하면 그렇게도 생각할 수 있구나 하며 색다른 시각에 놀랐다. 어떻게 써야 할지 몰라 끙끙 앓았던 장면에 대한 제안이 들어오면 막힌 속이 뚫리듯 개운하기도 했다.

좋은 말과 안 좋은 말이 반반이었다. 사람마다 글을 보는 시각이 너무 달라서 어느 장단에 춤을 춰야 하는지 몰랐다. 그래서 내 글이 좋은 건지 안 좋은 건지 모르겠다고 생각했다. 어떤 사람은 합평문을 부드럽고 푹신푹신하게 썼다. 소위 말하는 '쿠션어'를 사용했는데, 예를 들어 '인물이 왜 이런 행동을 하는지 이해가 안 된다.'라는 말은 '인물이 매력적이었으나 이 부분에서 어떤 생각으로 이렇게 했는지 이해가 조금 어려웠다. 감정선을 조금 더 풀어서 쓰면 재미있을 것 같다.' 이런 식으로 좀 더 부드럽게 썼다. 반대로 어떤 사람은 합평문에 사실만 작성했다. 고쳐야 하는 부분만 가감 없이 적어놓는 것이다. 어떻게 보면 냉정하다고 느낄 수도 있지만, 언급한 부분 말고 나머지는 다 좋다는 의미였다. 다정하게만 얘기한다면 합평의 의미가 퇴색될 수도 있기에 이 방법을 선호하는 사람이 많았다.

이렇게 사람마다 합평 스타일과 글 취향이 달라서 보는 재미가 있었다. 그렇지만 이건 합평 희망 편이라고 할 수 있고, 절망 편 또한 분명히 존재했다. 때로는 이게 도움이 되라고 하는 말인지, 무분별한 비난인지 확인할 수 없을 정도의 말을 듣기도 했다. 그래서 어떤 말은 오래도록 마음에 상처로 남았다. 나는 한때 내 글에 대한 비판이 두려웠다. 모진 말이 가득 차 있는 합평문을 다 읽기 무서워서 파일에 꼭꼭 감춰두고 말았다. 언젠가 저것을 두려워하지 않게 될 날을 기다리며. 옳은 선택이었을까? 내가 합평문을 열어보는 날은 오지 않았다. 그렇게 계절이 지나고 학년이 바뀌었다.

몇 번의 수업을 듣고 느낀 것은 학생들의 합평 스타일이 다른 것처럼 교수님들도 방식이 다르다는 사실이었다. 이런 작품을 쓰게 된 계기나 학생들의 합평을 듣고 교수님 합평을 듣는 등 전체적인 구조는 비슷했다. 그러나 명확하게 다른 점이 있었다. A 교수님은 열정 있는 분이었다. 그리고 늘 강조하는 말이 있었다.

리얼리즘, 리얼리즘, 리얼리즘!

현실성 있는 소설만이 살아남을 것. 글의 내용에 굉장히 몰두하는 분이셨고, 현실적으로 말이 되냐 안 되냐를 중요하게 생각하셨다. 그래서 교수님의 합평 스타일에도 호불호가 갈렸고, 맞는 친구들은 격하게 좋아했으나 맞지 않는 친구들은 떨떠름해했다.

그리고 특이점이 하나 있었는데, A 교수님의 수업에서 합평 받는 학생은 반드시 앞에 나가야 했다. 나와 친구들은 그것을 공개처형이라고 불렀다. 교수님의 마음에 드는 글이라면 앞에서 칭찬받으며 화기애애하게 끝나지만, 교수님과 맞지 않는 글일 때는 한 시간 내내 말로 얻어맞는 시간이었기 때문이다. 나에게 그 합평 방식은 힘들었지만 그래도 틀린 말을 하며 무작정 비판하는 분은 아니었다. 인정하고 싶지 않았으나 솔직히 내 워너비 교수님이었다. 글을 쓰는 것도 좋지만 누군가에게 가르치는 일을 해보고 싶다고 처음으로 생각하게 된 원인이었으니 말이다.

반면 B 교수님은 글의 내용도 내용이지만 문장, 맞춤법, 띄어쓰기, 정확한 표현에 더 심혈을 기울이셨다.

편집자 출신으로 비문에 민감하셨고, 문장 하나하나 뜯어서 세밀하게 합평했다. 단어를 쓸 때도 국립국어원 표준국어대사전에서 검색해 올바르게 사용해야 했다. 그리고 이분에게도 특이점이 있었는데, 꼭 소설 첫 문단을 작가가 읽게 했다. 어색한 문장이 있는지 본인이 직접 발음해 보며 깨닫게 하기 위해서였다. 가끔 내 글의 비문을 확대해서 화면 가득 띄워놓고 이러쿵저러쿵 얘기하실 때면 민망함에 얼굴이 뜨거워지기도 했다. 그렇지만 차분하게, 되도록 돌려 말씀하시는 모습과 작품이 더 나아지길 바라며 구체적인 방향성을 제시해 주시는 점은 많은 도움이 되었다. 교수님별 합평 스타일이 달라서 글에 대한 피드백도 다양한 관점으로 받을 수 있어서 좋았다.

이번에도 어김없이 합평 시간이 돌아왔다. 노력도 없이 작년보다 성장했기를 바라며 긴장 속에 내 차례를 기다렸다. 사실은 제발 무사히 지나가기만을 바랐다. 먼저 합평을 받는 사람은 그 애였다. 언제나 손을 들고 먼저 하겠다고 하는 애, 합평이 올 정도냐고 말했던 애, 글을 뛰어나게 잘 쓰는 것도 아니면서 합평에 두려움이 없던 애, 쓴소리를 듣고도 아무렇지 않았던 애. 나는 그 애의 이번 글을 보고 충격을 받았다. 작년에 봤던 것과 너무 달라져 있었다. 좋게 말해서 나쁘지 않은 정도였던 글이 정말 몰라보게 좋아져 있었다. 원래 잘 쓰던 사람이 아니었기 때문에 더 놀라웠다. 여기서만 말하는 거지만, 솔직히 내가 더 잘 쓴다고 생각했다. 문득 부끄러움이 밀려왔다. 그 애를 붙잡고 대체 어떻게 한 거냐고 물어보고 싶었다. 뒤숭숭한 마음으로 합평을 듣는데 내가 너무 좋다고 생각했던 그 글에도 여전히 비판은 존재했다.

'진짜 잘 썼는데 뭔 소리야.'

혼자 이해하지 못하면서 친구가 있는 쪽을 봤다. 그 애는 모든 얘기를 덤덤하게 받아 적고 있었다. 아, 이거였구나. 글이 달라진 이유가. 수업이 끝나고 나는 친구에게 잘 읽었다고 말하지 못했다. 성장하기 위한 어떤 노력도 하지 않았으면서 이런 열등감을 느끼는 내가 너무 못나 보였다. 노트북을 켜서 그날 이후로 한 번도 열어보지 않은 합평문 파일을 찾았다. 굳이 보지 않아도 될 일이었다. 지금까지 그래왔던 것처럼 그냥 듣기 좋은 말만 듣고 내 방식대로 글을 써도 되지 않을까. 여태껏 비판은 나를 상처입히는 일이라고 생각했기 때문에 무서웠다. 그렇지만 다들 조금씩 나아가는데 나만 멈춰 있다는 것이, 이대로 내 글에 발전이 없을 수도 있다는 사실이 더욱 견디기 싫었다. 망설임 끝에 실눈을 뜨고 파일을 열어보았다.

나는 여전히 합평 시간이 떨린다. 냉철하고 객관적인 평가로만 이루어져 있는, 빨간 펜으로 죽죽 그어져 있는 합평문이 나에게 도움이 되었다는 사실은 인정한다. 처음 글을 쓰기 시작했던 시절보다 지금이 훨씬 나아졌기 때문이다. 앞으로 글을 쓰다 보면 지금과는 비교할 수도 없이 차가운 비판을 듣게 될 것임도 알고 있다. 솔직히 두렵지만 어쩔 수 없는 일이다. 내 글을 성장하게 만드는 것은 논리적인 평가지만, 그런데도 나를 포기하지 않게 만드는 것은 다정한 말인 듯하다. 합평문에 쓰여 있던, 어쩌면 예의상이었을지도 모르는 푹신한 말. 문장이 담담해서 좋다는 말, 내가 계속 글을 쓰기로 해서 기뻤다던 동기 언니의 말. 그것을 되뇌다 보면 글을 쓰고 싶어진다. 그래서 나는 아직도 문창과에 있다.

To. 첫 그림책에게

 너를 위한 파티를 열기로 했어. 뜬금없이 파티라고 해서 놀랐지?

 오랜만에 너를 펼쳐보았어. 공모전에 당선되지 못한 뒤로 어딘가에 집어넣고 잊어버리고 살았더라고. 공모전 결과를 보자마자 내팽개쳐서 미안해. 분명 너를 완성했을 때만 해도 내가 바로 그림책 계의 샛별이라고 동네방네 자랑하고 다녔는데 말이야. 그때는 너만큼 완벽한 그림책은 없을 거라고 자신했는데 지금 다시 보니까 아쉬운 부분이 한둘이 아니네. 아무것도 모르던 때에 만들어서 그런가?

 아, 미안. 너무 섭섭하게 듣지는 말아줘.

 그래도 너만큼 애정으로 만든 작품이 없었음은 단언할 수 있어. 게다가 너를 만들고 나서 아동문학 작가가 되겠다고 다짐했거든. 지금도 계속 그림책 공모전에 도전하고 있어. 대신이라고 하기는 뭣하지만 고마움과 미안함을 담아 이제라도 파티를 기획했어. 당연히 너를 그렸던 씽도 초대했어! 너를 읽고 재밌다고 칭찬해 준 친구들도 초대했고. 그리고 모두 모여서 오랜만에 너를 읽고 좋았던 점을 이야기하자. 너는 섭섭할 테지만 아쉬운 점도 이야기해 보려고. 이 파티가 끝나면 너는 더 완벽한 그림책이 될 거라고 장담해!

무지개 방귀

친구 중 유일하게 그림을 그릴 줄 아는 씽이 휴학한다고 했다.

"그럼 시간이 많아지겠네?"

내 질문에 씽은 행복하게 웃어 보였다. 기회다. 나도 씽과 함께 웃었다.

"그럼 나랑 그림책 공모전 할래? 내가 글 작가, 네가 그림작가."

오랜 친구 사이에서 느껴지는 감으로 분명 씽은 내 제안을 거절하지 않을 것 같았다. 오히려 좋아할 거라는 확신이 있었다.

"내가 썼던 무지개 방귀 기억나지? 그걸 그림책으로 만들고 싶어."

그래도 혹시나 씽이 거절할까 봐 빠르게 그림책 공모전 안내 페이지를 보여주고 만들고 싶은 그림책도 알려주었다.

'제발 나랑 같이한다고 말해줘.'

두 손을 꼭 그러쥐고 씽의 대답을 기다렸다.

"아, 무지개 방귀? 좋아!"

아! 다행이다. 내 확신을 틀리지 않았구나. 그래! 봐! 나는 확신이 있었다고!

문창과에 입학했을 때만 해도 나는 소설이 인생의 짝이라고 생각하고 있었다. 입시를 치를 때 시와 소설 중 하나를 선택하기 때문에 당연히 시 아니면 소설이라는 이분법적 사고를 지니고 있었다. 입학 후 아동문학 수업을 처음 들었을 때는 '어라?' 싶었다. 시와 소설이 다가 아니었구나. 생각해 보면 당연한 이야기인데 나는 왜 여태껏 두 가지뿐이라고 생각했을까.

동화를 한 편 기획해 오라는 과제에서 머리를 쥐어뜯었다.

'동화는 어떻게 쓰는 건가요, 교수님…….'

나는 울면서 한글의 깜빡이는 커서만 바라보았다. 원래 안되는 과제가 있으면 붙잡고 있기보다 쉬엄쉬엄 해야 한다. 붙잡는다고 안되는 것이 될 리가 있나! 나는 깜빡이던 커서가 보이지 않도록 한글 창을 닫았다.

'동화를 읽자. 그래, 그게 먼저인 것 같아. 소설을 안 읽고 소설을 쓸 수 없으니, 동화도 마찬가지지.'

나는 힘차게 일어나 책장에서 동화책을 찾아보았다.

생각해 보면 동화책을 읽을 나이가 한참 지났으니, 책장에 동화책이 꽂혀 있을 리가 없었다. 그나마 어릴 적부터 좋아해서 여전히 간직하고 있는 그림책 몇 권이 다였다. 아쉬운 마음에 그림책이라도 읽을까 싶은 마음에 책장을 살피다가 그림책보다 작은 노트를 찾았다.

'우와! 얼마 만이지?'

있는지도 몰랐던 노트를 오랜만에 펼쳐보았다. 중학생 때 쓰던 노트는 필기보다는 수업 시간에 선생님 몰래 떠들던 내용만 가득했다. 노트를 넘겨보다가 멈췄다.

'방귀가 눈에 보이면 어떨 것 같아?'

'방귀는 갈색일 것 같은데. 그건 좀….'

'아니지, 눈에 보이는 방귀는 예뻐야 해. 그래야 눈에 보이는 의미가 있지.'

'엥? 그게 무슨 억지야. ㅋㅋㅋㅋㅋ'

'딸기 먹으면 분홍색 방귀 같은 걸 뀌는 거지.'

여느 중학생들이 그렇듯 의미 없고 영양가 없는 대화였다. 대화 옆에는 수업 시간의 지루함을 떨쳐내기 위해 적어둔 '무지개 방귀'라는 이야기가 있었다.

방귀를 싫어하던 아이가 방귀가 눈에 보이는 세상으로 가게 됨. 그 아이는 색색의 여러 방귀를 보고 솜사탕 같다고 좋아하며, 그 솜사탕 방귀들이 모여 무지개가 되는 신기한 경험을 함. 그 뒤로 방귀를 좋아하게 됨.

 이야기는 아주 엉성하고 짧았다. 그렇지만 이건 선물이다. 어린 내가 준 선물! 나는 그런 생각이 들었다. 무슨 이야기를 써야 할지 감도 안 잡혔는데 다행이었다. 마침 방귀는 어린아이들이 좋아하는 소재기도 했다. 맨날 똥, 방귀 얘기에 웃던 조카들이 떠올랐다. 나는 작은 노트를 들고 다시 책상 앞에 앉았다.
 그렇게 완성된 내 첫 번째 동화였다. 괜히 가슴이 두근거렸다. 시와 소설을 썼을 때와는 다르게 말이다. 중학생이던 내가 쓰고 싶었던 이야기를 제대로 매듭지어서인지, 아니면 동화를 처음 완성해서 신난 감정인지는 잘 모르겠지만. 어쨌든 나는 이 '무지개 방귀'라는 동화가 마음에 들었다. 어떤 글도 먼저 나서서 자랑하거나 보여주는 일이 없었는데 가족, 친구, 동기들에게 내 동화 파일을 보내면서 읽어보라고 부추겼다. 그래, 정확한 이유는 몰랐지만 나는 신나있었다. 그 신난 마음으로 그림책 공모전을 마주쳤을 때 확신이 들었다. '그래! 무지개 방귀를 글로만 남기에는 아쉽지! 역시 아동문학은 그림책이지!'라고. 색색의 방귀가 모여 무지개를 만드는 장면에 그림이 더해진다면 얼마나 멋질까. 그런 생각으로 색연필을 들었다.

"음, 음! 못 하겠다……."

호기롭게 시작한 것과 다르게 나는 한 페이지도 제대로 그릴 수 없었다. 그림은 내가 할 수 있는 영역이 아니었다. 좌절되었던 도전은 다행히 씽의 합류로 다시 시작되었다. 씽으로 말할 것 같으면 미술 입시를 치렀고 현재도 매일같이 그림을 그리는 디자인과 학부생이었다. 이제는 휴학까지 해서 시간이 많은 휴학생! 게다가 '무지개 방귀'의 창시자! 딸기를 먹으면 분홍색 방귀를 뀌게 될 거라고 말해준 중학교 때 친구가 바로 씽이었다.

그림작가가 합류했지만, 작은 문제가 있었다. 씽 앞에서는 "문예창작학과에 다니는 나를 믿어!"라고 큰소리를 빵빵 쳤지만, 나도 이제 막 아동문학을 처음 배운 햇병아리일 뿐이었다. 하물며 그림책은 다음 학기에 수업 과정이 있었다. 이 사소한 문제 앞에서 나는 정신을 똑바로 차리기로 했다. 사람이란 무엇인가! 일단 하면서 배우면 되는 존재. 걱정할 시간에 시작하면 된다. 좋은 경험이 될 것이라는 생각으로 굳게 마음을 다잡고 파이팅을 외쳤다.

먼저 글을 장면별로 나누어 씽에게 글 콘티를 넘기기로 했다. 그림책 한 장에 들어갈 글의 분량을 끊어내는 것은 생각보다 어려운 작업이었다. 소설의 문단을

효과적으로 나누는 것도 못하는 습작생은 좌절했다. 32페이지뿐인 한정된 분량에 2천 자의 동화를 줄여 넣는다는 것은 힘든 일이었다. 문장을 줄이고 장면을 바꾸고 어떤 것을 강조하고 어떤 부분에서 끊어 넘겨야 하는지 확신할 수 없어 답답한 마음뿐이었지만, 어떻게든 32페이지 분량으로 줄여내는 것에 성공했다.

그 후 나눠진 글을 보며 우리는 문장을 그림으로 바꿔보는 작업을 진행했다.

"근데 이 문장은 어디에 집중해서 그려야 하는 거야?"

단번에 장면을 그려 넣기도 했지만, 아래처럼 턱 막힐 때가 있었다.

〈지원이는 누가 방귀를 뀐 건지 확인하기 위해 고개를 돌렸어요. 사람들이 엉덩이에 솜사탕 같은 방귀를 달고 있었어요. 뽕뽕 방귀 소리 한 번에 새로운 색의 방귀들이 생겨났어요.〉

'방귀를 확인하는 지원이', '엉덩이에 달린 솜사탕 같은 방귀들', '새로 생겨난 방귀'까지 세 개의 장면을 한 페이지에 그려야 했다. 씽이 난처해했다. '음, 그건 나도 모르겠는걸.'이라고 말할 순 없으니, 해결책을 제시해야 했다.

"일단… 방귀를 확인하는 느낌을 강조하게 고개 돌리는 모습을 크게 그려 넣자."

"그리고 배경에 솜사탕처럼 몽글몽글하고 예쁜 방귀가 있고?"

"효과음으로 뿡, 뿡 하는 글자도 넣자!"

"좋네!"

우리는 우리가 아는 지식 속에서 최대한의 해결 방법을 찾아내야만 했다. 같은 문장을 여러 번 읽어보고 그중에서 중요한 단어와 행동 지문을 확인했다. 그에 맞춰 그림을 그려 넣는 방법으로 페이지를 완성해 나갔다.

"하늘 가득 반짝이는 무지개가 있다고 해서 굳이 하늘을 보여줘야 할까?"

그림책의 하이라이트이자 내가 동화를 그림책으로 만들고 싶었던 그 장면에서 씽이 물었다. 한 페이지 가득 큰 무지개를 그리기로 했던 장면이었다. 씽의 말을 듣고 보니 너무 식상한 표현 같아서 아쉽다는 생각도 들었다. 그렇다고 무지개를 안 보여주면 작품의 가장 중요한 장면이 없어지는 것이어서 고민이 되었다.

"무지개, 무지개, 무지개, 무지개를 보여줘야 한다면……."

〈하늘을 가득 채운 무지개가 반짝였어요. "방귀가 대왕 무지개가 되었어요!"〉

나는 지문을 읽고 또 읽었다. 이미 수천 번 읽어본 지문이라서 새로울 것도 없었지만 새로움이 생기길 바라며 읽었다. 주인공 지원이가 무지개를 보고 소리치는 장면을 상상해 보았다. 밝은 하늘 아래에 반짝이는 커다란 무지개, 그리고 그것을 보며 신나서 방방 뛰는 지원이. 신난 지원이 눈도 무지개처럼 반짝반짝.

"반짝반짝한 무지개와 눈…? 눈! 눈이네!"

"눈? 눈동자를 말하는 거야?"

"응! 지원이 눈에 비친 반짝이는 무지개는 어때? 무지개를 보는 지원이 눈도 반짝일 테니까 반짝반짝한 무지개가 잘 보이지 않을까?"

씽은 쓱쓱 지원이의 눈을 크게 그렸다. 그 안에 일곱 빛깔무지개를 칠하고 반짝이는 표현으로 눈을 강조했다. 우리는 만족스러운 장면을 보고 "하이 파이브!"하고 외치며 손뼉을 맞댔다. 아까 무지개만 덜렁 있던 장면보다 훨씬 만족스러웠다. 더 나은 장면과 연출이 있을지도 모른다. 하지만 당시의 우리에게는 최고로 만족스러운 장면이었다.

씽은 완성된 콘티를 토대로 그림을 그려 주었다. 매번 과제로 그리던 그림들과 다른, 동글동글하고 부드러운 수채화 느낌에 감을 못 잡는 듯했지만 결국 멋들어지게 완성해 주었다. 다만 글을 그림으로 옮기는 과정에서 시간을 많이 소비했고, 씽이 헤매던 시간까지 더해지자 그림이 완성된 것은 공모전 마감 당일이 되어서였다.

"괜찮아, 괜찮아. 접수할 수 있어. 할 수 있어."

우리 둘은 괜찮다는 말을 주문처럼 외우면서 마지막으로 그림에 글을 삽입하고 전체적인 편집을 거쳐 그림책을 완성해 냈다.

"완성했어. 이게 내 그림책이야. 그림책이라고!"

흐흐, 흐흐흐. 실없이 웃음이 나왔다. 씽과 나는 완성된 그림책에 무한한 애정과 신뢰를 퍼부었다.

완벽해. 최고야. 네가 1등이 아니면 누가 1등이니. 가서 다른 그림책을 다 이겨버려. 우리에게 당선을 가져오렴. 할 수 있다. 최고의 그림책.

우리는 그림책에 응원을 담아 공모전 마감 1분 전에 제출했다. 끝냈다는 후련함과 완성했다는 기쁨에 웃으며 헤어졌다.

"당선되면 할 이야기나 고민하자고!"

그런 헛바람을 들이키면서. 그러나 우리는 한 달 뒤, 공모전 발표일에 울면서 다시 모였다.

"탈락했다니……."

"당선작 봤어? 패배를 인정할 수밖에 없었어……."

씽과 나는 한참 동안 테이블에 고개를 처박고 있었다. 우리 작품을 보라고 여기저기 퍼 나르고 여기저기 자랑하고 다녔는데. 당선은 무슨, 초보자들의 헛바람이었을 뿐이었다. 게다가 당선작은 아쉬운 마음을 날려버릴 정도로 좋은 그림책이었다.

"그래도 재밌었지?"

씽이 물었다. 당선되지는 못했지만, 확실히 그림책을 만들던 시간은 재미있었다. 글을 쓰고 수정하고 그림을 구상하고 적절하게 편집하고……. 완성되었을 때의 뿌듯함은 어디서도 느껴본 적 없는 감정이었다. 이렇게까지 내 글을 좋아했던 적도 처음이었고. 나는 씽의 질문에 고개를 힘차게 끄덕였다.

"재밌었지!"

"아, 축하하면서 먹으려고 사 왔는데. 어쩔 수 없네. 위로의 의미로 먹자."

탈락의 슬픔은 쉽게 날아갔다. 재미있었고 귀한 경험이었다. 나는 준비했던 컵 솜사탕을 가방에서 꺼냈다. 무지개 방귀와 닮은 솜사탕을 색깔별로 테이블 위에 나열했다. 빨간색, 노란색, 초록색, 파란색, 보라색까지 알록달록한 컵 솜사탕을 하나씩 손에 쥐었다.

짠! 위로의 술잔을 부딪치는 것처럼 우리는 컵 솜사탕을 부딪쳤다. 어쨌든 우리의 완벽한 작품을 위하여!

나를 찾아 헤매는 꽃중년에게

숨이 차 멈춰 서 보니 어느덧 중년을 넘어 어리둥절했지.

가던 길은 점점 낯설어지고……. 그만 길을 잃었지, 미아처럼 말이야.

'삐삐' 나오던 시절에는 우리가 젊었을 때니까 그래도 잘 받아들이다가 어느새 스마트폰이 나와 우리를 당황하게 했지. 문명은 빠르게 발달하고 우리의 머리는 빠르게 쇠퇴해 갔지.

어떤 친구는 자식들 구박 속에 카톡 배우고 문자 보내는 것 배우고 이모티콘 보내는 것까지 배워 폼을 잡으며 모임에 나와 거들먹거렸지. 비위 상하다가도 왠지 세련되어 보였어.

자존심 강해서 그것도 못 배운 친구는 "나는 말이야, 옛날 것이 좋아."라면서 오래된 폴더폰을 가지고 다니며 우직함을 보여 주려 했지. 그러다 단톡방에 초대받지 못하고 모임 때마다 헐레벌떡거리며 나타나 민폐를 끼치기도 했지.

그런데 말이야, "꼴 보기 싫은 인간 전화를 안 받아도 되니까 참 편리하기는 해."라던 한 친구는 유튜버가 되어 실버타운을 소개하러 다니더라.

우리 이제 좀 편하게 살려니까 이렇게 또 다른 힘든 것들이 가로막고 있어. 어쩔 거야.

길을 찾아야지. 우리는 이겨내는 방법을 많이도 연습해왔잖아.

끊임없이 노력하는 수밖에 없다고 생각해. 독서백편의자현(讀書百義自見).

백번 하면 다 된다 이거지.

꽃중년들! 자, 이제 중요한 내 것을 찾으러 가 보세.

빛나는 결말을 위해, 그리고 화려한 커튼콜까지.

모년 모월 모일

꽃중년 대학생

 나는 날마다 타임머신을 타고 학교로 가 강의실에 들어간다. 43년 전의 나를 만나 즐거움을 만끽하고 있다.

 먼 세상 속에서 밭을 갈고 씨를 뿌려 수확했지만, 그것은 내 것이 아니었다. 마음 한구석이 텅 빈 허전함 속에서 '시니어'라는 생소하고 처음 들어본 말들이 왠지 어설프게 느껴졌다. 그런데 어느새 내가 그 범주에 들어가 있었다. 남의 옷을 입은 듯 어색했다. 앞으로 펼쳐질 무료함과 의미를 잃어버린 날들을 살아가야 한다는 것이 얼마나 고통스러울까 생각하면 걱정도 됐다. 100세 시대라는 말이 무섭게만 들렸다.

 그러나 그것은 H대학 문창과에 편입학하기 전 이야기다. 지금은 아침에 일어나면서부터 문학이 나를 지탱해 준다. 하루하루가 소중하고 귀하다.

 모든 것을 털어내고 바짝 마른 논이 되어버린 나는

강의실 맨 앞자리에 앉아서 집중력을 높이기 위해 노력한다. 교수님들의 수업 내용을 한 마디도 놓치고 싶지 않아 옛 속기사처럼 무조건 노트에 적는 버릇이 생겼다. 귓가에서는 자판 두드리는 소리가 마치 콩 볶는 듯 타닥거렸다.

고장 난 라디오처럼 들렸다 안 들렸다 하기에 다 적어놓고 다시 봐야 조금 이해가 된다. 귀가 조금씩 틔어가고 있다. 들리는 것이 많아지니 자연스럽게 보이는 것도 많아졌다. 나는 지금 문학의 싹을 틔우기 위해 논에 물 대는 중이다.

하루 몇 시간씩 강의실에서 영혼이 적셔질 때마다 머릿속에 쌓여가는 문학 언어들이 풍요로워진다. 그것이 내가 먹던 영양제와 맞바꿀 수 있다는 것이 신기할 따름이다. 건강식품이 모두 나를 위해 나온 것처럼 여겨져 몇 상자씩 구매해 거실 구석을 꽉 채웠던 때도 있었다. 간에 좋은 것, 위에 좋은 것, 치매 예방, 노화 방지 등 종류도 다양했다. 어느 날 거실에 쌓여있던 건강식품 상자들이 우르르 소리를 내며 반란을 일으켰다. 거실 바닥에 어지럽게 널브러졌다. 아들이 놀라 뛰어나와 도와주었다.

"엄마 이거 유통기한이 다 지났네요. 모두 버려야 되겠어요."

"아니, 유통기한이 왜 이리 짧은 거야."

속이 상했다. 거실에 쌓여있는 것만 봐도 든든했는데 결국 상자째 버렸다. 그리고 나서도 홈쇼핑 방송만 보면 소화가 안 되는 것 같고 뭔가 잘 잊어버려 치매 초기인 것 같았다. 불안감을 참을 수 없었다. 목주름과 팔자 주름이 짙게 파일 무렵의 일이다. 마침 독일의 메르켈 총리가 TV에 나왔다. 나는 기겁을 하며 눈을 감았다. '팔자 주름이 저 정도 깊게 파인다면 방법이 없겠구나.' 하는 생각에 마음이 바빠졌다. 마사지 샵과 성형외과를 기웃거리며 안간힘을 써 봤지만 결국 세월에 져버린 나는 하는 수 없이 젊음을 포기해야만 했고, 이것으로 내 인생은 끝인가 하는 마음에 우울하기까지 했다.

이 모든 것을 다 해결해 준 것은 신기하게도 문학이었다. 잘 늙어 가는 것이 아름답다고 생각했다. 이제 주름을 보면 시구절을 생각해 내고 무릎이 아프면 병원 가는 대신 아픈 이유를 생각하다가 무릎에 대한 소설을 쓴다. 신기하게도 병원보다 더 잘듣는 처방이었다.

글 쓰는 자세도 많이 변화했다. 이전에는 어려운 한자를 써서 의미를 함축하고 혼자 뿌듯해했었으나, 문창과 강의를 들어보니 쉬운 문장으로 감동을 주는 글쓰기를 해야 한다는 것도 알게 됐다. 안다는 것이 얼마나 중요한가를 깨우치며 '내가 모른다는 것을 안다'는 신기한 느낌을 받았다. 약 2400년 전 소크라테스는 "너 자신을 알라."라고 했다. 정말 놀라지 않을 수 없었다.

43년이나 지난 20대로 돌아가다 보니 어리둥절한 몇 가지 에피소드도 있었다.

입학 후 첫 강의 시간의 일이다. 나는 자영업을 하고 있다. 그래서 연락을 주고받을 일이 많다. 주문도 받고 예약문자도 받아야 했기에 핸드폰을 끌 수는 없었다. 그래서 수업 들어가기 전에는 신경 써서 핸드폰 음소거를 했다. 그런데 교수님 강의 도중 그만 '배민원' 하면서 콜이 들어왔다. 배달 앱 알림은 음소거와 상관없이 앱에 들어가 꺼야 하는 것을 몰랐다. 허겁지겁 비행기 모드로 바꾸고 나니 교수님이 빤히 내려다보고 계셨다. 눈이 마주친 나는 얼음이 되었고 내 눈은 점점 커졌다. 눈알이 튀어나올 때쯤 '얼음 땡'하고 수업이 다시 진행되었다. 그날 나는 온종일 무너졌다.

입학 초에는 종종 이런 일도 있었다. 복도에서 만나는 타 학과 학생들이 공손하게 인사하며 지나가는 것이다. 아마도 교수인 줄 안 모양이었다. 나는 구두를 운동화로 바꿔 신고, 옷도 딸의 옷 중에 맞는 것을 골라 입고 다니기 시작했다. 학생들의 인사하는 수고로

움을 덜어 주기 위해 핸드폰을 보며 걷기도 했다. 이제는 타 학과 학생들도 다 아는지 딱히 곤란한 상황은 발생하지 않는다.

강의실이란 공간에서 문학여행을 하며 나는 꽃중년의 반짝 엔도르핀인 관광버스를 떠올려봤다. 비슷한 것 같으나 사뭇 다른 면이 있었다. 관광버스로 다녀온 여행은 육신이 피곤하고 즐거움은 며칠이 지나지 않아 거품처럼 사라졌었다. 문학여행은 그렇지 않았다. 온종일 강의를 들어도 피곤하기는커녕 힘이 솟아났고 발걸음이 가볍다. 문학여행은 두고두고 빛나며 새록새록 즐겁다.

타 학과 수업을 들어야 하는 일이 생겼다. 과목 중 수강 신청이 늦어 내가 좋아하는 과목을 다 놓치고 말았다. 신청할 수 있는 과목은 컴퓨터밖에 없었다. '빅데이터학과 파이썬'이라는 컴퓨터 코딩 수업을 신청했다. 개강 날이 다가오자 급한 마음에 이런 묘수를 냈다. 미리 과외받아 다음 날 배울 부분을 예습하고 수업에 들어가는 것이었다. 두 번 들으니 생각보다 따라갈 만했다. 컴퓨터로 중간고사와 기말고사를 치르고 나니 '이제 내가 못 할 것은 없겠구나.' 하는 용기가 분수대 물줄기처럼 치솟았다. 그렇게 색다른 경험이 또 내게 가슴을 뛰게 했다.

종강 날 교수님은 감사하다며, 지금까지 계절학기 수업을 여러 번 했지만 개강 후 3회차만 되면 많이 빠져나갔었다면서 이번 수업이 출석률 최고라며 내 쪽을 보며 웃으셨다. 아마도 학생들은 나를 보며 열심히 해보려는 동기를 받지 않았을까? 한결 마음이 가벼워졌다. 나이가 많아 좋은 점도 있었다. 소설을 쓰고 합평할 때는 그저 살아오면서 세월에 의해 알고 있던 소재나 내용도 많았다. 그럴 때면 나는 우등생이 되어 아주 쉬운 문제를 푸는 기분이었다. 내가 경험했던 그 많은 것들을 작품의 소재로 쓸 수 있으니 나는 작품 소재 부자다.

방학에는 여유를 조금 부릴 수 있었다. 얼마 전, 번개 모임 문자가 떴다. 동갑내기 모임이었다. 몇 년 전 길을 못 찾고 헤맬 당시 동갑내기 밴드에 가입한 적이 있었다. 가끔 모여 수다 떨기 좋았다. 원래 아는 친구들이 아니다 보니 흉볼 일도 없고, 재미있게 놀다가 오면 됐다. 시간이 잠깐 나서 모임 장소인 한강 둔치로 갔다. 학교 다니는 관계로 모임에 못 나가는 걸 알고 있는 밴드 리더가 이렇게 말했다.

"아야, 니는 시적으로 뭣찌게 한마디 해부러라."

갑작스러운 일이 벌어졌다. 찌그러진 눈을 동그랗게 뜨고 모두 나를 쳐다봤다. 당황한 내가 얼떨결에 "야덜아, 문학이 겁나게 좋더라."라고 했더니 모두 어린애처럼 박장대소했고, 한 친구는 돗자리에 앉은 채 뒤로 나자빠졌다.

  문학 공부를 하면서 함께 어우르며 살아야 한다는 의미를 더 깊게 새기게 되었다. 인간은 독불장군처럼 살아갈 수 없다. 더.군.다.나. 중년의 생활이라면.

  나이는 숫자에 불과하다는 말을 철석같이 믿고 정진해 나가는 것만이 후회 없는 삶이라 생각하고 있다. 이 행운아는 수십 년 어린 나의 문학 학우들과 더불어 미래를 꿈꾸고 있다.

대학 생활 상담센터 상담사님께

 너무 귀여우면 깨물어주고 싶다잖아요. 저한테 조별 과제 팀원들이 딱 그래요. 너무너무 귀여워서 깨물어 버리고 싶어요. 콱, 하고요. 진짜로, 진심으로.
 출판의 치읓만 봐도 열이 팔팔 끓어요. 삼십삼이라는 숫자를 보면 호흡곤란이 와요. 제가 이렇게 인성이 더러운 사람인 줄 몰랐어요. 이렇게 공격적이고 분노를 조절하지 못하는 사람인 줄 몰랐어요. 이렇게 좋지 못한 사람이었다는 것을 최근에 자주 깨달아요. 저 어떡하죠?
 기획 회의를 하고, 원고를 쓰고, 교정 교열을 하고……. 지금은 팔자에도 없는 디자인을 하고 있어요. 삼 분에 한 번씩 소리 지르면서 방안을 뛰어다녀요. 이 끔찍하게 사랑스러운 조별 과제는 언제 끝날까요?
 삼십삼이라는 숫자를 보면 왜 호흡곤란이 오냐면요. 저희 조원 중 한 명의 글을 카피킬러에 돌려봤는데, 표절률이 삼십삼 퍼센트로 나오더라고요. (이게 말이 되나요?) 지금 숫자를 3… 어쩌고라고 쓰지 않고 한글로 쓰는 것도 다 그래서예요. 사실, 이 글에 출판이라는 단어를 써서 지금 열이 삼십구 도까지는 오른 것 같아요.

이런 저라도 괜찮아질 수 있을까요?

관점을 달리해서 생각해 봐야겠어요. 이 조별 과제가 꼭 나쁜 것 같지만은 않아요. 사회에 나가면 더한 사람들이 많을 거 아녜요? 그런데 이제 슬슬 편지를 끝내야 할 것 같아요. 지금 조별 과제 단체 채팅방에 또 뭐라고 연락이 왔어요. 참고로 지금은 새벽 세 시입니다.

내담자 드림.

그렇게 됐다…….

 편의점에서 라면과 삼각김밥을 사려고 했는데 체크카드에 돈이 없었다. 나는 멋쩍은 표정으로 아르바이트생에게 고개를 숙이고 물건을 제자리에 가져다 놓았다.
 '뭔 3,000원도 없냐, 아무리 월말이라지만. 어디에 그렇게 돈을 쓴 거지…….'
 핸드폰을 켜 카카오뱅크 앱에 접속했다. 출금 명세에서 제일 눈에 띄는 건 자동 과금 서비스인 'KCP'다. 26,400원이나 빠져나가다니.
 매달 27일, 내 통장에서 KCP, 그러니까 어도비 사용료로 26,400원이 빠져나간다. 올해 들어서는 어도비 프로그램을 쓸 일이 없었고, 오늘은 3월 31일이니 총 79,200원이 공중 분해된 것이다. 1,000원도 아까운 자취생에게 79,200원……. 그러니까 소설책 6권이, 마라탕 8그릇이, 한 달 치 관리비를 내고도 남는 돈이……. 라면과 삼각김밥 같은 것은 26번이나 사 먹을 수 있는 돈이 날아갔다는 말이다. 돌아오지 않는다는 뜻이다. 영원히.
 절망. 끝없는 절망.
 그리고 분노.
 뒤이어 찾아온 체념과 수용(이라고 쓰고 포기라고

읽는다. 집에 가서 먹을 게 있는지 찾아봐야지).

그렇다면 나는 왜 없는 자취생 형편에 어도비를 구독하게 되었나. 작년 3월부터 책 표지와 내지를 디자인할 때 필요한 프로그램인 인디자인을 사용해야 했기 때문이다.

그래, 이 모든 것은 캡스톤 디자인 때문이다.

캡스톤 디자인은 간단하게 설명하자면 '창의적 종합 설계'라고도 불리는 강의로, 학기가 끝날 때 결과물을 제출해야 한다. 문예창작과인 우리에게 가장 쉬운 결과물은 책이다. 기획부터 디자인까지 전부 학생들이 도맡아 한다. 문제는 캡스톤 디자인 강의가 이 학년 때 네 개나 있다는 것이다. 2학년 1학기 출판 실기 첫 수업 시간, 교단에 선 교수님이 우리에게 물었다.

"어도비 인디자인을 다룰 줄 아는 사람이 있나요?"

아무도 없었다.

"관심이 있는 사람도 없나요?"

내가 손을 들었다. 나만 손을 들었다.

그렇게 1년간 인디자인의 일꾼으로 살았다.

사실 위 문단은 틀렸다. 나는 '그냥' 일꾼이었다.

조별 과제 단체 채팅방을 개설한 지 이틀이 지났지만, 첫인사 후에는 아무도 말하지 않았다. 나는 카톡방에서도 숨 막히는 정적을 느낄 수 있다는 걸 깨닫고 총

대를 멨다. 당장 다음 주에 기획 발표가 있었고, 우리는 소설이나 시, 에세이보다는 칼럼을 쓰면 좋겠다는 교수님의 의견을 받들어 칼럼 주제를 정해야 했다.

〈저희 슬슬 기획 회의를 해야 할 것 같아요. 모두 의견을 내고, 가장 많은 표를 받은 의견을 칼럼 주제로 선정할까요?〉

내 의견이 가장 많은 표를 받아 칼럼 주제로 선정되었다. 나는 노트북을 덮고 잠깐 먼 곳을 바라보았다. 뭔가 잘못될 것 같다는 느낌이 들었다. 나는 마음을 다잡고 다시 카톡을 보냈다.

〈역할 분배도 해야 할 것 같은데, 조장하고 싶으신 분 계신지요?〉

다행히 지원자가 있었다. 믿을 수 있는 친구였다. 이제 발표 준비를 해야 했다. 여기서부터 재앙이 시작되었다. 기획 발표를 하려면 책의 목차와 원고 세부 주제가 필요했다. 그러나 함께 힘을 합쳐야 할 때는 비협조적인 사람이 꼭 한 명씩 있고, 우리 조도 예외는 아니었다.

〈민초 혐오요.〉

〈자세히 써 주세요.〉

〈민초 혐오에 관한 관찰이요.〉

〈다른 분들 참고해서 더 써 주세요.〉

〈우리나라의 민트초코 혐오/다른 나라에서의 파인

애플 피자 혐오. 혐오에서 벗어나 세계의 의식은 변화할 수 있을까?〉

나는 휴대전화를 내려놓았다.

그런데 왜 우리가 우리나라의 민초 혐오와 다른 나라의 파인애플 피자 혐오를 같이 다루어야 하는가? 어째서 이 비루한 질문으로 시작해 혐오에서 벗어나 세계의식이 변하게 되는지에 도달하게 되는가? 게다가 나는 민트초코와 파인애플 피자 둘 다 싫다.

〈일단 알겠습니다…….〉

그러니까, 처음부터 끝까지 이런 식이었다.

기획 발표는 무사히 끝마쳤으니 다른 이야기를 해보자. 조별 과제는 힘들었다. 정말, 정말, 정말 힘들었다. 일주일의 중간고사 기간에도 나는 조별 과제에 매달려야 했다. 그래서였을까, 그만 하얗게 잊고 만 것이 있었다. 캡스톤디자인 출판 실기는 조별 과제뿐 아니라 개인 원고도 하나 작성해야 한다는 것이었다. 그리고 그 원고는 중간고사 대체 과제이기도 했다.

중간고사 마지막 날이었다. 그리고 내게는 텅 빈 캡스톤디자인 출판 실기 겸 중간고사 대체 과제 파일이 남아 있었다. 참고할 텍스트는 다 찾아놨으니 괜찮을 거라고 애써 자신을 위로했다.

'내가 지금 공백 포함 12,000자짜리 칼럼을 써야 한

다는 거지? 하루 안에.'

실감이 나지 않았고, 그래서 더 잤다. 분명 칼럼을 쓰겠다고 새벽 6시에 일어났는데 정신을 차리니 정오였다.

한 시간에 1,000자씩만 쓰면 된다는 계획은 시간당 1,500자로 수정되었다가 어느새 2,000자로 늘어났다. 입시 이후에는 울면서 키보드를 두드리는 일이 없을 줄 알았다. 미리미리 좀 하자고, 그게 그렇게 어렵냐고 나 자신을 질책하며 글을 '쌌'다. 차마 글을 '썼'다고 말할 수 없었다. 나는 글을 쌌다. 그렇게 반나절 만에 12,000자를 쓰고 장렬하게 전사한 나는 다음 날 일어나 다시는 미루지 않겠다고 다짐하며(그러나 지켜지지 않는다) 고등학교 친구를 만나러 갔다.

조별 과제 때문에 힘들다는 말에 친구는 근본적인 질문을 했다.

"문창과에 조별 과제가 있어?"

"있어. 많아. 죽을 맛이야. 죽을 거야. 다 죽어버려야 해."

내 대답을 들은 친구는 안쓰러운 눈빛으로 나를 바라보았다. 이번 학기에는 캡스톤 디자인 강의 말고도 두 개의 조별 과제가 더 있었다.

"제일 힘든 조별 과제가 뭐야?"

"출판이지. 기획도 내가 해, 교정 교열도 내가 해, 북

디자인도 내가 해. PPT 제작, 대본 작성, 발표, 심지어 강의 공지까지 내가 한다니까? 이게 말이 된다고 생각해?"

"조장이 다 그런 거지. 네가 감내해라."

"나 조장 아닌데."

친구가 내 앞에 놓인 소주잔에 소주를 따르며 '표면장력!' 하고 외쳤다. 나는 잔 위로 봉긋하게 솟은 소주를 잠시 바라보다가 한입에 털어 넣었다.

그러게, 나는 조장도 아닌데 왜 이걸 하고 있을까. 하지만 조장은 바쁜걸. 원고 취합을 하던 중 연락이 두절된 조원을 찾아서 전화를 30통씩 하고 있단 말이야. 반년 치 월급 떼먹고 잠적한 사장 찾으러 다니는 직원도 아니고.

어찌어찌 잠적한 사장님을 찾았고 - 조장이 매일 1시간마다 전화를 해댔다고 한다 - 우리 조는 표지와 내지 디자인 단계로 넘어갔다. 표지는 내가, 내지는 다른 사람이 맡기로 했다. 나는 일찌감치 표지 디자인을 끝내고 교수님의 피드백을 기다리고 있었다. 디자인 초안 마감 이틀 전, 내지 디자인을 맡은 A에게 채팅이 왔다. 초안이 완성되었다는 내용이었다.

'오……?'

500자짜리 피드백을 작성해 A에게 보내고 잠들었

다. 아침에 일어나보니 새로운 파일이 하나 더 와 있었다.

'음…….'

단어만 살짝 바꾸되 거의 같은 내용의 피드백을 작성해 A에게 보냈다. 해가 질 때쯤 파일이 도착했다.

'하…….'

나는 침울해졌다.

차라리 내가 한다고 할까? 하지만 그렇게 말하면 A가 기분 나빠할 것 같았다. 게다가 내가 내지 디자인까지 하면 A가 맡은 일이 없게 될 것이었다. 나는 마지막으로 한 번만 더 인간을 믿어보자고 생각하며 다시 피드백을 써서 A에게 전송했다. A가 채팅을 확인했는지 말풍선 옆의 1이 이내 사라졌다. 다음 날 아침까지 연락은 오지 않았다.

나는 뜬눈으로 밤을 지새우고 학교에 갔다. 다행히 A는 자리에 앉아 있었다. 나는 A의 앞에 서서 할 말을 오랫동안 고민했다.

'이걸 디자인이라고 해온 거예요? 제 피드백은 어디에 팔아먹고 왔나요?'

너무 공격적이지만 나는 그렇게 말하고 싶었다. 하지만 이렇게 말하면 안 된다는 것을 안다. 하지만 이 말을 하지 않는다면 내가 화병으로…….

나는 두 눈을 딱 감고 결심했다. 화내지 않기로. A도

A의 사정이 있을 것이다.

"A, 내지 디자인 피드백 때문에 그러는데, 잠깐 이야기 좀 할 수 있을까요?"

A의 노트북에는 마침 인디자인 화면이 띄워져 있었다. 나는 A가 디자인해 온 화면 속 내지를 내려다보았다. 너무 많은 폰트를 사용해 산만했고, 바탕체라고 표시된 부분은 돋움체였다. 인쇄 설정은 CMYK가 아니라 RGB로 되어 있었다. 무엇보다, 전체적으로 조화롭지 못했다.

"저는 노력했는데요."

"그런데 지금 내지 디자인이……."

"결과가 더 중요하다는 거예요?"

A가 내 말을 끊고 날카롭게 말했다. 순간 머리가 새하얘졌다. 이 사람이… 지금 무슨 이야기를 하는 거지? 교수님이 인디자인을 몇 시간 붙잡고 있었는지를 기준으로 점수를 매기나? 클릭을 몇 번 했는지, 얼마나 힘들었는지를 기준으로? 내가 알고 있는 상식, 그러니까 '교수자는 결과를 기준으로 학습자를 평가한다.'가 잘못된 것이었나?

"그러면 알아서 하시던가요!"

A는 내 대답을 듣지도 않고 울면서 강의실을 뛰쳐나갔다. 나는 그날부터 내지 디자인을 맡았다.

내가 한창 표지와 내지 디자인을 수정할 때의 이야기다. 교수님은 도대체 무엇을 보고 오신 건지, 우리에게 책을 소개할 수 있는 북 트레일러와 카드 뉴스를 만들어오라는 명을 내리셨다. 암, 여부가 있겠나이까. 나는 조별 과제 단체 채팅방에 공지를 올렸다.

〈북 트레일러와 카드 뉴스를 맡아주실 분이 계실까요? 북 트레일러 맡으실 분이 아무도 안 계신다면 일단 제가 맡겠습니다.〉

일종의 수동공격이었다. 표지와 내지 디자인을 맡은 사람이 북 트레일러까지 맡겠다는데, 양심이 있다면 대신 하겠다고 말하겠지. 그러나 조원들은 양심이 없었다. 나는 어도비의 영상 편집 프로그램인 애프터 이펙트와 프리미어를 추가로 설치했다. 이를 바득바득 갈며 프로그램 강의 영상을 시청하고 레퍼런스를 수집했다. 그때의 나는 기말고사 때 제출할 조별 활동 평가서 작성만 기다리고 있었다. 조별 활동 평가서만이 나를 구원해 줄 수 있을 것 같았다. 여태까지 있었던 일을 다 적어주마. 모조리 까발려주마.

그리고, 다음 주 수업 시간에 교수님이 강의실에 들어오자마자 말씀하셨다.

"많이 바쁘시죠? 북 트레일러까지 만들기에는 힘들 것 같으니 카드 뉴스만 만듭시다."

아아, 교수님의 뒤에서 날개가, 후광이, 헤일로가 보

여…….

이 자리를 빌려 고백합니다. K 교수님, 사랑합니다. 그런데 정말 북 트레일러는 어떤 것을 보고 기획하신 건가요?

그리고 이것은 내가 2학년 일 학기 성적을 확인하고 난 후의 이야기다. 캡스톤디자인 출판 강의에서 만점 받은 것을 확인하고 학교로 향했다. 캡스톤디자인 책을 수령해야 했다(물론 점수가 잘 나오지 않았더라도 책을 가져갔을 것이다). 과사무실에 들어가 강의 이름과 조를 말하자 조교님이 책더미 제일 위에 놓인 책을 집어 건네주었다. 나는 책을 살펴보며 생각했다.

'다행히 놓친 건 없네. 역시, 행간을 좀 더 줄일 걸 그랬어. 지금 보니 표지 색감이 너무 탁한 것 같네. 오브제를 좀 더 앞으로 옮길걸.'

그래도… 그 모든 일이 있었음에도, 여전히…….

나는 출판 편집자가 되고 싶다.

편지

010-××××-××××

미안, 나 수업 듣느라 전화 못 받았어.

문자 봤어. 서울에서 죽 살고 싶었다고 말했던 거 기억나더라. 정말 잘 됐다.

오빠가 갑작스럽게 연락했으니 나도 하고 싶은 말을 좀 하려고.

나 이제 시를 좀 알 것 같아. 사실 지금도 시가 무엇이냐고 물어보면 대답 못 하겠지만, 나한테 어떤 시가 좋은지 알겠어. 내 마음에 와닿는 시가 좋은 시인 것 같아. 내 마음에 움직임이 있고 울림이 있는 시. 그렇다고 객관적으로, 보편적으로, 누구에게나 좋은 시라고 말할 수는 없고.

그땐 이걸 몰랐어. 이것만 몰랐던 게 아니라, 그냥 아무것도 몰랐어. 1년 공부한 애가 뭘 알았겠어. 오빠한테는 문예창작과인 내가 대단한 사람처럼 보였겠지만. 생각해 봐, 오빠가 일어일문학과인데 일본어 원서 한 페이지를 못 읽어서 일주일 동안 고생했던 거.

  내가 뭔가 반성했다는 건 아니야. 그때로 돌아가자는 말도 아니야. 그냥 내 생각을 말하고 싶었어. 다시 말하자면, 오빠 시가 나빴던 것도 아니고 좋았던 것도 아니고, 내 마음에 와닿지 않았다는 거야. 그것뿐이야.

연애 백과사전이 있다면 그걸 읽었을 텐데, 그만 시를 읽고 말았어

 그에게서는 담배와 치약 냄새, 그리고 향수 향이 섞여서 났다. 그가 담배를 피우고 나면 항상 이를 닦고 치실질을 한 뒤 가글로 입을 헹궜기 때문이다. 물기를 오래 머금고 있던 그의 입술은 보드라웠고, 나는 그에게 쉽게 입을 맞췄다. 사랑은 부드러운 거였지, 하고 음미했다. 그것이 그와의 연애였다.
 나는 그의 집에 자주 놀러 갔다. 그의 생활감으로 가득 찬 공간이 좋았다. 그의 손길이 닿은 부엌은 가지런히 정돈되어 있었고, 나는 그 모습을 보면서 선반 곳곳에 내 몫의 식기구를 채워 넣는 상상을 했다. TV 위나 손이 닿지 않는 물건 사이에도 먼지 하나 없는 것을 보면서 그의 태도, 이를테면 나와의 관계에 임하는 태도를 짐작했다. 그러면 마음도 부드러워졌다.
 여느 날과 마찬가지로 그의 집에서 그가 해준 점심을 먹고 그의 침대에 누워 있던 날이었다. 그가 책상 아래에서 상자 하나를 꺼냈다.

"보여줄 게 있어."

그의 목소리가 너무 은밀해서 나는 숨기고 있던 비밀을 가르쳐 줄 것으로 생각했다. 나는 긴장한 채로 상자를 받아 열었다. 상자는 꽤 무거웠다. 그가 자주 열어보는지 뚜껑이 헐거웠다.

상자 안에는 책 몇 권, 수첩 몇 권이 들어있었다. 대부분 윤동주 시인의 시집이었고 나태주 시인 시집이 한두 권 정도 있었다. 바닥에는 고등학생 필독 문학 시라고 적혀 있는 두꺼운 책이 깔려 있었다. 그리고 손바닥만 한 시집 몇 권.

그는 자신을 시인이라고 소개했다. 고등학교 때부터 시인의 꿈을 키웠다고 했다. 하지만 그렇게 말하면 사람들이 비웃어서 여태 아무에게도 말하지 않았다고도 말했다. 수첩에는 그가 쓴 시가 적혀 있었다.

"너라면 내 꿈을 이해해 줄 수 있을 것 같아서."

그가 수줍게 웃었다. 나는 시를 꼼꼼히 살펴보았다. 그의 시는 대부분 2연을 넘지 않았고, 1연마다 3행 정도의 문장, 총 6문장 정도로 구성되어 있었다. 상자 속에 고전시가 책이 있었던 것을 생각하면 그 영향을 받았나 싶었지만, 고전시가보다는 하이쿠(俳句)[1] 느낌이

---

[1] 5·7·5의 3구(句) 17자(字)로 된 일본 특유의 단시(短詩). 특정한 달이나 계절의 자연에 대한 시인의 인상을 묘사하는 서정시이다.

더 강했다. 계절과 자연을 묘사하고 거기에서 느낀 감정을 옮겨 적으려는 시도가 많이 보였다. 윤동주 시인의 영향이 있었으리라.

10편 정도의 시를 읽었을 때는 현대시의 경향과는 달리 자연 이야기를 하는 것이 신선한지도 모른다고 생각했다. 하지만 20편을 넘어가면서 자기복제 같다고 느꼈고, 30편을 넘어가자 자기복제를 넘어 단어 몇 개만 달라지고 똑같은 형태의 시가 반복되고 있다는 생각마저 들었다. 문제는 내게 시를 판단하는 기준이 확립되어 있지 않았다는 것이다. 마음에 와닿지 않는데도 내가 좋아하는 사람이니까 좋은 시를 쓸 것이라고 믿었다. 그래서, 어떻냐고 묻는 그의 말간 얼굴에 나도 모르게 좋다고 대답했다.

"어떻게 좋아?"

"응?"

"어디가 어떻게 좋은데?"

그가 초롱초롱한 눈으로 물었다. 나는 어떻게 대답해야 할지 몰라서 머뭇거렸다.

'자기복제라고 말해도 될까?'

내가 대답하지 않자 그의 몸은 시들어가는 식물처럼 점점 움츠러들었다. 이상한 신호였다. 뭐라도 말해야 했다.

고민 끝에 나는 학교에서 들었던 칭찬을 흉내 냈다.

"이 단어 선택이 좋은 것 같아. 여기서부터 저기로 흘러가는 흐름이 좋아."

하지만 이 단어는 세 장마다 반복되고 있었고, 여기서부터 저기로 흘러갈 흐름도 없을 정도로 짧은 시였으므로 내 칭찬은 모두 거짓말이었다. 나는 마음에도 없는 말을 내뱉기 위해서 키스할 때보다 현란하게 혀를 놀려야 했다. 내 말이 길어지자 그가 우물쭈물하면서 말했다.

"그런 거짓 칭찬 말고. 네 진짜 의견이 궁금해."

그는 내가 거짓말할 때마다 손짓이 커진다고 했다. 나는 잽싸게 손을 무릎에 내려놓았다.

"거짓말은 아닌데."

"나는 더 잘 쓰고 싶어. 전문가의 의견이 필요해."

오랫동안 혼자 썼더니 발전이 없는 것 같아 답답하다는 것이 그의 생각이었다. 나는 전문가도 아니었고 그가 시를 더 잘 쓰도록 조언하거나 첨언할 수 있는 사람도 아니었지만, 혼자 썼더니 답답했다는 말이 마음에 걸렸다. 나의 경우, 시를 처음 쓸 때 친한 언니가 이끌어 주었고, 과외 선생님께 꾸준히 피드백을 받았다. 그렇게 들어온 대학교에서는 동기들과 교수님 사이에서 시를 향한 열정을 키웠다. 그런데도 외로웠다. 글에 대한 확신 없이 달려야 했고, 길을 잃은 기분이었다. 그 험한 길을 그는 혼자 걸어왔던 것일까. 그가 상자에 담아둘 수밖에 없었던 것은, 실은 고뇌의 흔적을 밀봉하려던 시도가 아니었을까. 그렇게 생각하자, 내가 말해줄 만한 것이 있다고 자만하게 되었다.

"현대시를 읽어보는 건 어때?"

"현대시?"

"응, 현대시. 윤동주, 나태주 시인 말고도."

그가 입술을 우물거렸다.

"현대시는 재미없던데."

"… 왜?"

그의 말이 나의 '버튼'을 작동시켰다.

"나는 고전시가 아니면 윤동주가 좋아. 내가 추구하는 시의 형태도 그런 느낌이고."

그가 그렇게 말하자, 나의 몸속에 가라앉아있던 예술가의 기운, 시인의 기운이 마구 솟아올랐다. 몸이 금방 홧홧해졌다. 나는 처음으로 눈을 희번득하게 뜨고 잔소리했다. 당신이 지금 여기 현실에서 시를 쓰고 있는데, 동시대 사람들이 어떻게 살고 쓰는지를 보지 않고 시를 쓸 수는 없다고. 고전시가와 윤동주 느낌을 주고 싶어도 현실 감각을 알고 있어야 한다고.

"옛것을 쓰려면 현대시를 이미 알고 있어야 해. 알고 쓰는 것과 모르고 쓰는 것은 다르잖아."

그렇게 말하면서 그에게 시집을 추천해 주려고 핸드폰을 켰다. 그런데 내 말을 가만히 듣던 그는 수첩과 시집들을 다시 상자에 집어넣기 시작했다.

"그만해도 돼."

그가 중얼거리듯 말했다.

"뭐가? 내가 쉬운 시집 추천해 줄게."

나는 어리둥절해져서 물었다. 그에게 추천해 줄 시집은 한 무더기였고, 함께 서점 데이트나 도서관 데이트를 할 마음도 충분했다. 그가 상자 뚜껑을 닫더니 발로 밀어 책상 아래로 돌려놓았다. 그 행동이 신경질적으로 느껴져서 좀 놀라고 말았다. 나는 놀란 마음을 숨기고 아무렇지 않은 척했다.

"자연 이야기하는 사람이면 마종기 시인 괜찮……."

"아니."

그가 내 말을 단칼에 끊었다.

"……."

"하지 마."

그가 부엌으로 들어갔다. 그의 뒷모습마저도 단호해서 나는 더 이야기할 수 없었다.

그 이후로, 그는 다시는 나에게 시 이야기를 꺼내지 않았다. 그가 말하지 않았으므로 나 역시도 이야기를 시작하지 않았다. 이야기를 다시 해보려고 해도 부엌으로 들어가던 뒷모습을 떠올리면 간담이 서늘해져서 먼저 말을 꺼낼 엄두가 나지 않았다.

시 이야기를 다시 하게 된 것은 영화관에서였다. 그가 좋아하는 영화가 재개봉해서 보러 간 날이었고, 그는 종일 신나있었다. 그는 실컷 울었고, 거듭 내용을 칭찬했다. 하지만 내 생각은 달랐다. 영화에는 해결되지 않고 끝난 사건들이 많았다. 여자 주인공과 남자 주인공이 어째서 사랑에 빠진 것인지에 대한 설명도 부족했다. 두 주인공이 몸이 바뀌었을 때 남자 주인공이 여자 주인공의 가슴을 주무르는 장면은 불쾌함만 느껴졌을 뿐, 이 장면이 왜 삽입되었는지 짐작하기 어려웠다. 마지막까지 나는 눈물 한 방울도 흘리지 않았다. 그의 말에 도저히 장단을 맞출 수 없었다. '만약 이 이야기를 교수님께 들고 가면 얼마나 지적을 받을까.' 그런 생각을 했다.

"둘은 운명적으로 사랑하고 있어."

상영관을 빠져나오면서, 그는 사랑에 막 빠진 사람처럼 말하며 팔짱을 꽉 꼈다. 애교스러운 행동에 나 역시 환히 웃으면서 손을 맞잡아 주고 싶었지만 그럴 수 없었.

과연 둘은 운명적인가? 운명적이려고 억지로 장치를 만든 것이 아닌가? 예를 들면, 이름을 적어달라고 했는데 '사랑해.'라고 적은 것. 이름을 알려 주어야 나중에 다시 만나도 상대방을 알아볼 수 있지 않은가?

"운명적이진 않은 것 같아."

나도 모르게 중얼거렸다.

"왜?"

전혀 이해하지 못한 목소리로 그가 물었다. 아차 싶었다. 하지만 이미 엎질러진 물이었고, 할 말은 해야 했다.

"둘이 왜 사랑에 빠졌는지 모르겠어."

"꼭 이유가 있어야 해?"

그의 목소리가 조금 지쳐 있었다.

"아무래도 그렇지 않나……."

나는 말끝을 흐렸다. 좋지 않은 대화가 이어질 예감이 들었다. 팔짱이 어색하게 느껴져서 손에 땀이 찼다.

"그냥 사랑할 수도 있지. 그게 운명적 이끌림 아니야?"

"내 말은……."

"우리도 그랬던 거 아니야?"

나는 어떻게 사랑이 그냥 이루어지는지 이해할 수 없었고, 여기서 우리 이야기가 왜 등장하는지도 이해할 수 없었다.

'아니, 그치. 오빠 말이 다 맞지. 사랑에 이유가 어디 있나. 하지만 이건 영화잖아. 영화는 영화적 장치가, 서사적 장치가 둘의 관계를 설명할 수 있어야 하잖아.'

나는 마음이 갑갑해져서 얼굴을 찌푸렸다.

"아니……. 현실은 현실이고. 픽션의 사랑에는 서사

와 이유가 있어야 해. 설명이 안 되잖아. 왜 사랑하는지. 그 남자애가 여자애를 왜 사랑하는데? 설득할 수 있어?"

그러자 그가 영화관 한복판에 우뚝 멈춰 섰다. 팔짱을 끼고 있던 팔이 스르륵 풀렸다. 나 역시 자리에 멈춰 섰다. 그가 나를 노려보며 말했다.

"야. 너 말조심해라."

그 말에 나도 화가 났다. 그는 연애 규칙 제6번을 어겼다. 서로를 '야'라고 부르지 않기. 서로를 낮잡아 보지 않도록 항상 이름이나 애칭으로 부르자는 제안에서 시작된 규칙이었다. 나는 짝다리를 짚고 말했다.

"'야'? 그래, 야. 내가 무슨 말을 했는데 이렇게 반응해?"

"넌 사람을 가르치려고 들어. 시 이야기할 때도 그랬어."

그 말에 어처구니가 없어서 더 화가 났다. 논리적이지 않은 영화에 재미를 강요한 것도 모자라서 논리적이지 않은 감정을 호소하다니, 게다가 자신이 멋대로 끝낸 이야기를 다시 꺼내 오다니. 나는 싸움 모드로 돌입했다.

"여기서 시 이야기가 왜 나와?"

"그럼 네가 안 그랬다는 거야?"

"나는 그냥 도와주려고 한 거잖아."

말할수록 우리의 목소리가 점점 커졌다. 사람들은 우리를 모른 척하며 스쳐 지나갔다. 힐끔 보는 사람들도 있었다.

마침내 그가 악을 쓰면서 소리쳤다.

"내가 좋아하는 영화가 그렇게 별로야? 내가 쓴 시가 그렇게 별로냐고!"

나는 할 말을 잃고 그를 바라보았다. 그가 처음 마주친 사람처럼 어색하고 무서웠다.

나는 얼마 가지 않아서 그와 헤어졌다. 그는 나에게 이별을 요구했다. 나는 우리가 왜 헤어져야 하는지 물어보았지만, "이것도 서사가 필요해?"라는 말만 들었다. 여기에는 서사가 아닌 이유가 필요한 것이고, 지금은 픽션이 아니라 현실이므로 이유가 없을 수도 있는데 단지 너의 이유가 궁금했을 뿐이라고 말하고 싶었다. 하지만 그가 나의 말을 들을 것 같지 않아서 그만두었다. 대신 책상에 앉아 오래 생각했다. 왜 헤어지자고 했을까. 우리의 연애는 대부분 부드러웠고 작은 다툼이 있어도 잘 풀어왔다. 그런 우리가 갈라서게 된 이유가 무엇이었을까. 자꾸만 그의 단호한 등이 떠올랐다.

만약 내가 거기서 현대시 이야기를 하지 않았더라면 그에게 여전히 입 맞출 수 있었을까? 내가 그때 서사가 필요하지 않냐고 물어보지 않았더라면 여전히 식기구를 채워 넣는 상상을 할 수 있었을까? 하지만 이렇게 이별을 통보받고 나서도 예스러운 시를 쓰기 위해 현대시를 읽어야 한다는 생각은 변함이 없었고, 그가 좋아했던 영화에 서사가 부족했다는 생각도 마찬가지였다. 어쩌면 이것은 본질적으로 내 문제인지도 모른다.

그래도 궁금하다. 그가 좋아하는 시를 내가 조금이라도 좋아할 수 있었더라면, 조금 서사가 부족해도 사랑이 가능하다고 믿을 수 있는 사람이었더라면 어땠을까. 나는 계속 그와 지낼 수 있었을까. 화장실에 두고 온 내 칫솔은 어떻게 됐을까. 버려졌을까. 여전히 그 집은 생활감이 가득하고 먼지 한 톨 없이 깨끗할까.

아니. 가글에 치실까지 쓰면서 비흡연자 여자친구 앞에서 참지 못하고 담배를 피워야 했던 남자와는 언젠가 헤어졌을 것이다.

3부

학과후반

가빈, 김채은, 이박하, 이서희

구매자님께

사실 판매 글을 올리고도 한참 동안 아무 연락이 안 왔어요. 가격을 몇 번이나 내렸죠. 구매자님이 사가신 양장본 말이에요. 아니, 뭐 제가 급하게 팔려고 가격 내린 마당에 생색내려는 것은 아니지만. 원가가 무려 사만 오천 원이에요. 만 원이면 반의반 값도 아니니 완전 횡재하신 거라고요. 물론 책들을 고르시는 안목을 보면 어련히 아실 것 같기는 하지만요. 사실 그 책들 전부 죽을 때까지 가지고 있다가 화장할 때 같이 태워 달라고 할까 고민한 제 자식 같은 아이들인데요······. 이번에 이사하게 되어서 피눈물을 흘리며 파는 거예요. 부디 아껴주세요.

아, 근데 아직 판매 글에 올린 다른 책들 전부 남아 있거든요. 혹시 다른 것도 구매하실 생각 있으면 언제든 연락 주시고요. 구매해 주셔서 감사합니다. 좋은 하루 보내세요!

출판계의 빛과 소금

언젠가 S와 함께 서점에 간 날, 나는 세 권의 책을 골랐다. 단편 소설집 한 권, 인문학 도서 한 권, 시집 한 권이었다. 세 권의 책을 들고 서점을 돌아다니자니 꽤 힘들기도 했다. 그런 나를 뚫어지라 바라보던 S가 물었다.

"그 책 사려고?"

내가 대답했다.

"그럴 것 같은데. 왜?"

S가 눈을 동그랗게 뜨더니 다시 물었다.

"저번에 산 책은 벌써 다 읽었어?"

나는 바로 대답하지 못했다. 머리로 잘 이해가 되지 않았던 탓이다. 그러니까, S가 무심코 던진 말에 내가 맞아 죽은 거다. 책이라는 게, 다 읽고 나서 새로 사는 것이었던가……

참새가 방앗간을 그냥 지나칠 수는 없는 법이다. 별

생각 없이 길을 걷다가도 서점이 보이면 지나치기가 그렇게 어렵다. 이름만 대면 알 법한 대형 서점들부터 모 중고 서점, 혹은 이름도 들어본 적 없는 작은 독립 서점도 좋다. 커다란 서점 같은 경우에는 몇 시간이라도 돌아다닐 자신이 있다. 여행지에는 지역마다 작은 독립서점이 몇 개씩 있기 마련인데, 그런 곳에서 새로운 책과 함께 돌아오는 것도 반가운 일이다. 과장을 좀 보태자면, 작정하고 집을 나서는 날이면 꼭 작은 책 내지는 수첩 한두 권과 함께 귀가하는 것 같다.

우리나라 사람들은 한 해에 평균 6권 정도의 책을 읽는다고 한다. 하지만 평균값이라는 것은 어느 정도 말장난이라고 생각한다. 아르바이트로 월급 60만 원을 버는 나도, 달에 1억을 버는 아이돌 A모 씨도 20대다. 두 사람을 기준으로 20대 평균 월급을 구하자면 5300만 원이 된다. 그러니 6권이라는 평균 독서량에 대해서도 다시 생각해 보자. 한 해에 60권의 책을 읽는 누군가와 한 권도 읽지 않는 수많은 사람의 평균값일 가능성이 크다. 그리고 나는 한 해에 60권의 책을 사면서 6권 정도를 읽는 사람이다.

내가 "문예창작과에 다니고 있어요."하고 말하면 사람들은 어느 정도 일관된 반응을 보인다. 신기하다거나, 멋지다거나, 그게 뭐 하는 학과냐고 하거나, 취업은 어떻게 하냐고 묻거나……. 혹은 책을 많이 읽냐고 묻거나. 그럴 때면 나는 어색하게 웃어넘기고 만다. 물론 모든 문예창작과 학생이 나처럼 게으른 독자인 것은 아니지만, 모든 문예창작과 학생이 책만 읽고 사는 것도 아니다. 내 존재가 그 증거다.

'출판계의 빛과 소금'이라는 것은 나 같은 사람들이 자조적으로 하는 농담이다. 집에 아직 읽지 않은 책을 쌓아두고 다른 책을 사들이는 것으로 출판업계에 이바지하고 있다는 것이다. 확실히 우리 집에는 책이 많다. 같은 책이 몇 권씩 있기도 하고, 전자책으로 이미 읽은 것을 종이책으로 소장하기도 한다. 선물하기 위해서 같은 책을 다시 산 적도 있다. 이런 이야기를 하면 대부분 신기해하거나 돈이 썩어나냐는 등의 핀잔을 주곤 하는데, 전부 이유가 있는 소비다. 내가 고전 문학 중 가장 좋아하는 책이 한 권 있다. 카뮈의 「이방인」이다. 우리 집에는 이 책이 다섯 권 있다. 같은 책을 다섯 권이나 가지게 된 과정은 생각보다 간단하다.

이 책을 처음 읽은 것은 부모님이 사준 세계문학전집을 통해서였다. 상단에는 작가의 사진이 있고, 아래에 메인 컬러와 함께 바탕체의 제목이 적힌 표지의 모습은 익히 알고 있을 것이다. 하지만 어렸던 내 눈에 그 표지는 예뻐 보이지 않았다. 정확히는, 다른 화려한 표지들이 너무 많았다. 그 때문에 나는 다른 리커버 도서를 한두 권 정도 샀다. 그다음은 기차를 탈 때 읽고 싶어서 구매한 손바닥만 한 미니북이었고, 그다음에는 패드로 보기 위해 구매한 전자책, 마지막은 으레 그렇듯 양장본이었다. 이즈음에는 번역의 차이를 구분하는 데에 빠져 있기도 했다.

가장 후회하는 소비(사실 그 무엇도 크게 후회하지는 않지만)라면 역시 전자책이 아닐까 싶다. 확실히 전자책은 편리하다. 전자기기 하나만 있으면 수십 수백 권의 책을 읽을 수 있으니까. 무엇보다도 큰 장점은 공간을 차지하지 않는다는 점이다. 누워서 책을 읽기도 편리하고, 어두운 곳에서도 별도의 조명 없이 독서가 가능하다. 나는 그런 장점들에 혹해 패드를 구매했고, 실제로 몇 권의 전자책을 읽어보기도 했다. 예상한 것처럼 편리하고 나쁘지 않았다. 그러니 내가 전자책에 정착하지 못한 이유는 두 가지였다. 읽는 맛이 없다는 것, 그리고 미칠 듯한 소장 욕구.

주관적으로, 종이책은 읽는 맛이 있다. 종이를 넘길 때의 사각거리는 소리나 느낌이 좋은 것은 물론이고, 좋아하는 페이지를 접어두거나 마음에 와닿은 문장을 줄로 그을 때의 낭만도 결코 포기할 수 없다. 전자기기에서 드래그하고 형광펜 표시하는 것과는 다른… 어떤……. 차마 말로 설명하기 어려운 낭만이 종이책에는 존재한다. 이런 내 열변을 들은 S는 내가 오타쿠 같다고 했다. 틀린 말은 아니라서 부정하지 않았다.

한 가지 문제라면 내가 좁아터진 월세방에 살고 있다는 것이다. 알다시피 서울의 집값은 살인적이다. 전세는 꿈도 꾸지 않았고, 그럭저럭 살만한 원룸 월세방조차 구하기가 어려웠다. 지방에서 상경해 학교와 알바를 병행하며 생활비를 벌어야 하는 처지였다. 커다란 책장을 놓을 수 있는 자취방을 구하기란 하늘의 별 따기였고, 나는 실제로 별을 따지 못했다.

처음 서울에 상경했을 때 나는 예산 안에서 최대한 기본 옵션이 잘 갖춰진 집을 골랐다. 화이트 톤 인테리어, 어디서 많이 본 세탁기, 에너지 소비 효율 등급 빨간색을 가리키고 있는 냉장고가 있는 양산형 원룸이었다. 다행히도 컴퓨터 책상 윗부분에 작은 책장이 두 개 있었다. 언뜻 봤을 때 크다고 느껴질 정도는 아니었지만 생각보다 깊었다. 덕분에 나는 책을 두 겹으로 쌓을 수 있었고, 고르고 골라 가져온 책들을 전부 전시했다. 그때까지만 해도 내 책장은 전부 읽은 책들로 채워져 있었다. 원래도 산 책을 바로바로 읽는 스타일은 아니었지만, 어쨌든 적당한 때에 대충이나마 훑어보곤 했으니까. 집에 놀러 온 S가 "이 책은 무슨 내용이야?" 하고 물어도 큰 고민 없이 줄거리를 설명해줄 수 있는 정도였다. 그러니까 나는 거기서 소비를 멈췄어야 했다.

상술하였듯 나는 외출을 했다 하면 서점에 들렀고, 서점에 들렀다 하면 책 두어 권을 구매하는 사람이었다. 집과 책장의 크기는 바뀌었지만, 내 소장 욕구와 소비 욕구는 전혀 줄어들지 않았다. 평소처럼 서점에 가면 책을 샀다. 좋아하는 작가의 신작이 나오면 인터넷 주문을 했고, 여행을 갈 때면 평소에는 관심이 적었던 동화책이니 포토북 같은 것을 사 왔다. 내게 책은 이유가 있어서 사는 게 아니었으므로 서점에서 마주친 마음에 드는 제목의 책을 충동적으로 구매하기도 했고, 가끔은 갑자기 꽂힌 아직 읽지 않은 고전 명작을 주문하기도 했다. 내 행동은 옛날과 다를 바 없었지만 내 집과 생활은 고등학생 때와는 180도 달라져 있었다. 책을 읽을 시간도, 책을 둘 곳도 없었다.

결국, 나는 싸구려 책장을 하나 들여놓았다. 칠만 원짜리 흰색 책장은 침대와 창문 사이 작은 공간에 겨우 들어갔다. 그 책장이 가득 차기까지는 그리 오랜 시간이 걸리지 않았다. 책은 마음의 양식이라고 했다. 진짜 양식도 인스턴트로 때우는 마당에 마음의 양식을 쌓을 여유 같은 것은 없었다. 나는 그 책장을 '책들의 무덤'이라고 남몰래 불렀다.

언젠가 S가 말했다.

"중고 마켓에 파는 건 어때?"

내가 대답했다.

"읽지도 않은 책을 어떻게 팔아?"

그러자 S가 기다렸다는 듯 말했다.

"그럼 읽은 책을 팔면 되지."

나도 기다렸다는 듯 대답했다.

"걔넨 전부 내 새끼들인데…. S는 자식을 팔아넘겨?"

답도 없는 말에 S가 한숨을 내쉬었다. 그리고 괜찮은 해결방안을 제시했다.

"그럼 나한테 한 권 선물해줘. 네가 생각하기에 내가 좋아할 것 같은 책으로."

꽤 혹하는 제안이었다. S는 특별히 책을 많이 읽는 유형이 아니었다. 종종 흥미가 생긴 책이나 베스트셀러를 한두 권 읽는 모습은 봤지만 딱 그 정도. 그리고 나는 친구들에게 책을 추천해 주는 것을 좋아했다. 현대인들이 책을 좀 읽었으면 좋겠다는 말을 입에 달고 살기도 했고, 좋은 것은 나누면 좋다는 생각이기도 했고. 물론 친구들은 그렇구나 하고 넘어갈 뿐, 실제로 읽는 비율은 극히 적었다. 이해는 했다. 내 추천만으로는 확 끌리지 않았을 수도 있고, 책을 사기가 번거로울 수도 있고, 도서관을 가는 것은 더더욱 귀찮을 테고.

하지만 내가 선물한다면 공짜로 책이 생기는 거니까 앞에 두고 있다 보면 언젠가는 읽어보지 않을까? 정말로 좋은 아이디어였다. 내 책장에서 S가 좋아할 것 같은 책을 고르기는 그리 어렵지 않았다. 심지어는 S의 말이 끝나기 무섭게 바로 몇 권이 떠오르기도 했다.

그런데 문제가 하나 있었다. 주관적으로 판단했을 때, 독서가는 크게 두 부류로 나뉘는 것 같다. 최대한 처음 구매했을 때와 같은 상태로 깨끗하게 보관하는 사람과 더러워지든 말든 내팽개치고 줄도 긋고 종이도 접는 사람. 나는 후자에 가까운 부류였다. 옛날에는 책을 펼칠 때 자국이 남을까 살살 펼치기도 했지만, 언젠가부터 그러지 않았다. 아마 본격적으로 내가 산 책이 많아지면서 바뀐 것 같기도 하다. 줄을 긋거나, 좋아하는 부분을 접어두는 것은 예삿일이었다. 아무렇게나 쌓아둔 기간이 있어서인지 간혹 표지에 때가 탄 게 보이기도 했다. 마음먹고 읽겠답시고 책을 펼쳤다가 몇 장 읽고 엎어둔 탓에 책이 제대로 덮이지 않기도 했다. S에게 경고했다.

"읽던 책인데 괜찮아? 안에 막 접어두고, 줄도 그어두고 해서 좀……."

그러자 S가 반색했다. "오히려 좋다"고. 왜 좋은지 단번에 와닿지 않았다. 어리둥절한 내게 S가 덧붙였다.

"네가 그 책의 어떤 부분을 좋아했는지 알 수 있는 거잖아."

별거 아닌 말이었지만 뭔가 코끝이 찡해졌다.

고심 끝에 내가 고른 책은 시집 한 권과 소설 한 권이었다. 시를 막 읽기 시작했을 때 좋아했던 파란색의 작은 시집과 여러 인물의 인터뷰 형식으로 이루어진 특이한 소설. S와 나는 각자 바쁜 일상을 보내고 있었기에 책을 전해주기 위해 다시 만난 것은 거의 반년이 흐른 뒤였다. 나는 잊지 않고 책을 챙겨나갔고 S 역시 반갑게 선물을 받았다. S의 취향에 적중했다는 이야기를 들은 것은 한 달이 조금 지나지 않았을 무렵이었고, 나는 뿌듯함에 몸 둘 바를 몰랐다. 아마 그때부터였던 것 같다. 자주 만나지 못하는 친구들을 만날 때마다 우리 집에 있는 책을 한 권씩 들고 나가기 시작한 것이. 가끔은 엽서에 짧은 코멘트를 적어 건넸고, 친구들은 갑작스러운 선물에 기뻐했다. 오래지 않아 짧은 독후감 비슷한 것을 내게 전해주기도 했다. 물론 백이면 백 성공이었다.

여기서도 문제가 하나 발생했는데, 내 책장은 가끔 만나는 친구들에게 한두 권씩 선물하는 것으로 감당될 수준이 아니었다. 이걸 깨달은 것은 계약 기간이 끝나고 자취방을 옮길 날이 가까워졌을 때였다. 이사 갈 집은 자동차로 20분 정도가 걸렸는데, 아마도 부모님의 차를 통해 짐을 옮기게 될 것 같았다. 커다란 짐이라고 해봐야 옷가지나 주방용품 정도일 것으로 생각했다. 하지만 내게는 가장 큰 복병이 하나 있었다. 당연히 책이었다. 싼값에 구매한 책장은 생각보다 꽤 쓸만했으므로 그냥 이 집에 두고 가기로 했다. 간만에 집의 상태를 확인하러 온 집주인은 내가 문예창작과라는 걸 알았다. '공부를 열심히 했나 보다.'라며, 내가 두고 간 좋은 기운이 다음 세입자에게도 닿으면 좋겠다고 너스레를 떨었다. 나는 다음 세입자는 낭비벽이 없어야 할 텐데요, 하고 말하고 싶었지만 그러지 않았다.

조금이라도 정리하기 위해 중고 마켓에 글을 올렸다. 팔 책과 남길 책을 선별하는 과정도 생각보다 오랜 시간이 걸렸다. 그 때문에 기준을 한 가지 정했다. '다 읽었고 다시 읽지 않을 것 같은 책'과 '아직 읽지 않았지만 인제 보니 앞으로도 읽고 싶지 않을 것 같은 책'을 팔고자 결심했다. 그리고 거기에 온전히 해당하는 책은 극히 드물었다. 고심 끝에 올려놓은 것들은 여러 권 있는 고전 명작이나 이미 몇 번 읽어서 내용을 알고 있는 책, 소장은 하고 싶지만 두꺼워도 너무 두꺼운 책 따위였다. 열 권이 조금 넘었다. 고작 이 정도 짐이 줄어드는 거라면 차라리 팔지 말까 하는 생각이 든 것도 사실이었지만, 그래서는 이 책들과의 동침이 끝나지 않을 것 같았다. 기왕 골라낸 거 글이라도 올려보자 하는 생각으로 글을 작성했다.

가격을 정하는 것도 일이었다. 대부분 책은 크게 비싸지 않았는데, 정가에 가깝게 책정했다가는 아무도 사지 않을 것 같았다. 일단 흔히 말하는 중고감이 있는 책들이기도 했고. 고심 끝에 중고 서점 사이트에 시세를 알아보았다. 그렇게 정해진 가격은 대부분 팔천 원에서 육천 원 선이었다. 유일한 양장본 한 권은 정가가 사만 오천 원이었는데, 마지막 자존심으로 삼만 오천 원으로 책정했다.

결론부터 말하자면 며칠이 지나도록 연락은 단 한 통도 오지 않았다. 내 글을 북마크해 둔 사람들은 몇 명 있는 것 같았는데 메시지는 정말로 단 한 통도 없었다. 할인 문의가 그렇게 많이 오는 인터넷 중고 마켓인데도. 나는 '책 읽는 사람들이 다들 너무 신중해서 그래.' 하고 합리화했다. 물론 다섯 번쯤 게시글을 재업로드 했을 때는 내가 잘못 생각했다는 것을 인정할 수밖에 없었다. 그리고 가격을 내렸다. 소설은 무조건 사천 원, 시집은 무조건 삼천 원. 세 권을 사가면 무조건 만 원. 좀 비싼 양장본 한 권은 더도 말고 덜도 말고 만 원. 그런데도 한동안 연락이 오지 않았다.

그날 저녁 처음이자 마지막 손님에게 연락이 왔다. 양장본 한 권과 소설 두 권, 시집 한 권을 사겠다고 했다. 양장본을 만 원에 팔게 되었다는 것을 실감했을 때에는 솔직히 조금 슬펐다. 거래 위치를 조율하면서는 동네 주민임을 알았다. 구매자는 도보 오 분 정도의 거리에 있는 아파트에서 만날 것을 제안했다. 가까웠으니 물론 좋다고 승낙했는데, 도무지 시간이 맞지 않았다. 나는 오후에 학교에 있는데 구매자는 저녁에 출근해서 새벽에 퇴근한다는 것이었다. 그래서 나는 〈혹시 그 아파트 사세요?〉하고 물었고, 구매자는 〈네, 맞아요.〉하고 대답했다. 나는 조심스럽게 물었다.

〈괜찮으시면 그냥 집 앞에 놔 드릴까요?〉

다행히 구매자에게서는 금방 대답이 돌아왔다. 〈아, 그럼 너무 감사하죠!〉 하고.

〈그럼 내일 오후 다섯 시쯤에 집 앞에 둘 테니까 그때 입금해 주세요.〉

〈넵, 좋은 밤 보내세요!〉

대화가 마무리되었고, 나는 책을 넣을 만한 종이 가방과 남아도는 엽서 한 장을 챙겼다.

구매자는 공동현관 비밀번호와 함께 동호수를 보내주었고 나는 아파트로 찾아갔다. 그리고 현관문 앞에 종이 가방을 두고 사진을 찍어 보냈다. 구매자에게서는 금방 답장이 왔다.

〈감사합니다. 지금 바로 입금할게요! 아, 그리고 문고리에 우유 가방 하나 있지 않나요?〉

구매자의 말에 신경도 쓰지 않던 문고리를 봤다. 확실히 우유 가방이 걸려 있었다.

〈넵, 있어요!〉

내가 대답했다.

〈거기 안에 초콜릿 하나 넣어뒀는데 괜찮으시면 가져가서 드세용.〉

우유 가방을 열어보자 정말로 초콜릿이 있었다. 생각보다 비싼 편의점 초콜릿이었다. 나는 감사 인사와 함께 초콜릿을 챙겨 집으로 돌아왔다.

결국, 이삿날 직전까지 팔린 책은 양장본 한 권과 소설 두 권, 그리고 시집 한 권이 전부였다. 유의미한 변화를 끌어내지 못한 것이다. 자취방에 와 본 부모님은 자가용으로는 불가능한 양의 짐이라는 걸 실감한 듯 나를 쪼아댔다. 얼른 날짜에 맞게 이삿짐센터를 찾아보라고. 그렇게 나는 원룸 이사 서비스를 이용했다. 안 그래도 빈곤한 처지에 몇십만 원이 깨졌고 조금은 울고 싶었다.

이사를 무사히 마무리하고 S와 만났다. 우리는 여느 때처럼 서점에 들렀고 나는 두 권의 책을 골랐다. 시를 막 읽기 시작했을 때 좋아했던 파란색의 작은 시집과 여러 인물의 인터뷰 형식으로 이루어진 특이한 소설이었다. 내가 고른 책을 확인한 S가 징글징글하다는 듯 몸서리쳤다.

그래도 '출판계의 빛과 소금'이라는 말은 꽤 마음에 든다. 게으른 독자인 나에게 당위성을 부여할 수 있으니까. 그날 서점에서는 S에게 아무 말도 없이 계산대로 향했다. S에게 주었던 책 두 권을 다시 샀다. 직원은 포인트를 사용하시겠냐고 물었다. 잔액을 확인하니 벌써 삼천 원이 쌓였다고 했다. 나는 포인트를 썼다. 계산이 끝나고 나서야 S에게 말했다.

"내가 책을 괜히 사는 게 아니야. 우리나라 사람들이 책을 얼마나 안 읽는지 알아? 나라도 사야 출판업계가 힘을 낼 거 아냐."

S는 코웃음 쳤다.

"그래라, 그럼."

그러니까 오늘따라 어깨가 무거운 건 새로 산 책 때문이 아닐 것이다. 내 두 어깨에 대한민국 출판업계의 미래가 달려있기 때문이다.

H에게

 야, 오랜만이다. 나는 잘 지내고 있어. 네 말대로 재수하면서 좀 힘들긴 했지만, 원하는 대학 오니까 좋더라. 물론 나는 학과 보고 들어간 거지만 내가 좋아하는 거라 전공 수업도 재미있더라고. 나처럼 글쓰기 좋아하는 친구들도 많이 있고 문학 이야기하다 보면 시간 금방 가더라고. 말도 잘 통하고. 게다가 나 이번에 웹진도 만들었는데, 너 웹진이 뭔지 알아? 말 그대로 웹매거진이야. 종이 잡지 아니고 인터넷으로 볼 수 있는 거. 요즘 종이보단 인터넷으로 자료 찾아보고 글 읽곤 하잖아. 똑같은 거야. 블로그에 글 올리는 거랑 비슷하다고 보면 되겠다. 물론 다른 거기는 하지만 너도 보면 알 거야.
 이쯤 되면 웹진이라는 걸 왜 만들었는지 궁금해지지? 네가 포폴 만드는 것처럼 나도 졸업 전에 의미 있는 작업을 하고 싶어서 동기들하고 뭉쳐봤어. 문학의 자리를 만들기로 했거든. 어디서든 글을 쓸 수 있었으면 좋겠다고 생각한 동기들과 머리를 모아 웹진을 생각해 냈어. 웹 사이트에서는 언제든 글을 올리고 작품을 공유할 수 있을 테니까. 어때, 쉬울 것 같아? 웹진 기획부터 디자인, 작품 모집, 교정·교열, 홍보까지 우리 손을 거치지 않은 것이 없어. 물론 도와준 사람들도 있긴 하지만 총괄은 우리가 다 했어. 나도 내가 이렇게까지 할 줄은 몰랐는데 막상 해 보니까 알겠더라. 내가 문학에 정말 진심이었구나. 나는 내가 하고 싶은 것 하면서 지내고 있어서 행복하게 지내고 있어. 너무 걱정하지 마. 아, 그리고 네가 말한 상담은 안 받아도 되겠지? 설문 조사도 별로 내키지는 않는다. 보니까 상담이랑 연관되던데 너한테 별로 도움 되는 것은 없을 듯해서 그냥 패스할게. 너도 잘 지내.

  P.S. 나 지금 서울이라 만나기는 어려울 것 같아. 나중에 내려가게 되면 연락할게.

여기가 내 자리인가

 이번 학기만 보내면 졸업이다. 나는 그동안 무엇을 한 것일까. 글을 쓰고 싶어서 문창과에 왔고, 나와 같은 동기들을 만났다. 대부분 문학을 좋아했다. 동기들과 친해지면서 스터디를 만들어 진행했다. 합평 스터디를 통해 각자의 작품을 공유하고 좋아하는 작가 이야기를 나누기도 했다. 최애 작품이나 작가 이야기를 할 때는 시간 가는 줄 모르고 떠들어대기도 했다. 이제 남은 건 한 학기. 문창과에서 할 수 있는 건 다 해 본 것 같았다. 더 이상의 미련도 욕구도 없었다.

 마지막 학기 첫날이었다. 방학을 보내고 와서 그런지 강의실에는 어색한 공기가 돌았다. 그 때문인지 쉬는 시간에 동기들의 목소리가 잘 들렸다. 일부러 엿들으려 한 것은 아니었지만, 내 귀에 들리는 것은 어쩔 수 없었다.

"지금 소설 두 명, 시 한 명이니까 세 명이지. 그럼 이제 한 명만 더 오면 되겠다."

"누구한테 같이 하자고 하지? 시 한 명만 오면 되는데."

"시 쓰는 사람 누구 있지?"

나는 동기들의 짧은 대화를 들으면서 고민에 빠졌다. 얼마 전까지만 해도 좋아하는 작가를 물어보는 동기의 말에 대답을 망설였다. 떠오르는 작가는 있었지만 좋아하는지는 모르겠다는 생각이 들었다. 작품은 읽었지만 기억나는 것은 없었다. 내가 정말 문학을 좋아해서 이곳에 온 것일까. 다른 동기들만큼은 아닌 것 같았다. 그랬던 내가 동기들의 대화에 귀를 쫑긋 세웠다.

'같이 하고 싶다.'

나도 모르게 그런 생각이 들었다. 학기 초부터 관심 있던, 동화를 쓰겠다고 하면 끼워주지 않을까. 같이 해도 될지 물어볼까. 소설이랑 시가 있으니까 동화가 있으면 독보적이지 않을까. 마음 한쪽에 있던 욕구가 깨어난 기분이 들었다.

"무슨 이야기해?"

"아, 우리 진로탐색학점제[1] 신청할 건데 지금 소설

---

[1] 진로탐색학점제란, 대학생들이 다양한 활동을 통해 진로에 대해 고민하고 스스로 성장 경로를 만들어 갈 수 있도록 체계적인 지원이 필요하다 생각해 교육부에서 만든 프로그램이다.

두 명이랑 시 한 명이라 나머지 한 명 구해야 해서."

"혹시라도 못 구하면 내가 동화로 들어가도 될까? 나 동화도 쓰는데."

"아, 진짜? 우리야 고맙지. 동화 좋다. 그치?"

나는 글을 쓰는 것으로 생각하고 동기들에게 다가갔다. 무슨 자신감이었는지 몰라도 마지막 학기 동안 동기들과 글을 쓸 수 있다는 생각에 마냥 좋았다. 웹진을 만들 것이라는 말을 듣기 전까지는.

글을 쓰는 것은 맞았지만 그게 전부는 아니었다. 웹진을 기획하고 도메인과 디자인을 만드는 작업부터 시작해 웹진에 올릴 작품을 준비하고……. 웹진이 다 만들어지면 홍보도 진행할 것이라고 했다. 처음에는 이렇게까지 할 필요가 있을까 싶었지만 그렇지만은 않았다.

우리는 합평 수업이나 스터디를 통해서 작품을 공유하고 합평을 진행한다. 문창과의 최대 장점이라 할 수 있다. 창작은 혼자가 아닌, 다 같이 하는 것이라는 말로 정의할 수도 있겠다. 그렇지만 합평은 한정적이다. 수업이나 스터디가 아닌 곳에서 합평하기는 어렵고, 작품을 공유하는 것 또한 자유롭지 못해 아쉬울 때도 있다. 그래서 우리는 작품을 공유할 수 있는 공간, 우리가 좀 더 자유롭게 소통할 수 있는 공간을 만들고자 웹진을 만들었다.

다만, 여기서 문제는 웹진에 관한 지식이었다. '웹진'이라고 했을 때, 무엇인지는 알고 있었지만 낯설었다. 종이책으로 나온 문예지는 몇 번 접해봤지만 웹진은 읽어본 적이 있었던가. 이름 그대로 웹 매거진(web magazine). 웹 사이트로 발간하는 잡지라고 해서 웹진이다. 서점이나 도서관에서 접하기는 조금 어려운 지점이 있으나, 인터넷을 많이 접하는 지금 세대에는 오히려 효율적일지도 모르겠다. 그런데도 내가 문제라고 생각한 이유는 접근성이었다. 검색하지 않으면 접하기 어려울뿐더러, 웹진의 존재를 알더라도 찾아 들어와 읽는 사람이 있을지에 의문이 들었다. 문창과인 나도 잘 모르는데 다른 사람들은 오죽할까. 나는 웹진을 만들기에 앞서 걱정되는 지점들을 말했다.

대부분 내 의견을 듣고 공감했지만 동기 S는 달랐다.

"우리가 웹진을 만들고 나서 홍보를 할 거잖아. 그때 알고리즘을 타는 거야. 요즘 SNS 보면 찾아 들어가는 것보다 알고리즘 타서 들어가 보는 경우가 대다수잖아. 우리 인맥 총동원하면 알고리즘 타고 다른 사람들한테도 우리 웹진 알릴 수 있을 거 같은데. 어때?"

알고리즘은 생각 못 했다. 웹진을 찾아본 적이 없다 보니 접근성만 고려했는데, 알고리즘이라면 그 문제도 어느 정도는 해결할 수 있을 것 같았다.

학기 첫 주차는 수강 신청 정정 기간이다. 진로탐색 학점제는 3학점을 인정해 주는 프로그램이라 12학점만 채우면 되었다. 그동안 학점을 열심히 채운 덕에 최소 학점을 신청할 수 있었다. 물론 이보다 많이 들어도 상관없었지만 나는 그러지 않았다. 마지막 학기를 편하게 보내고자 소설 창작과 시 창작 수업을 빼고 디자인과 융합 전공으로 모션그래픽 수업을 신청했다. 디자인과 수업은 웹진 만드는 데에 도움이 될 것 같았다. 창작 수업은 웹진 제작만으로도 바쁜 학기가 될 것 같아 뺀 것도 있지만, 더는 문학을 하고 싶지 않은 마음도 있었다. 시를 육 년이나 썼고 학교에 들어와서도 스터디를 계속했지만 나는 그대로였다. 나아지는 것이 없어 보였다. 다른 글쓰기도 마찬가지였다. 내가 글을 왜 써야 하는지도 모르겠고 앞으로 계속 쓸 수 있을지도 의문이었다.

  수강 신청을 정정하고 최소 학점만 듣게 되어 여유가 생길 줄 알았다. 웹진 제작으로 바빠진다는 것은 핑계였고, 마지막 학기를 쉬엄쉬엄 다니고 싶은 마음이 컸다. 하지만 생각만큼 여유롭지는 못했다. 웹진 제작은 앞서 걱정했던 것보다 많은 문제가 있었다. 쉽고 어렵고의 문제가 아니라 우리가 할 수 있을지 걱정이 앞섰다. 종이책을 만드는 것이었다면 원고 작성이 우선이었겠지만, 웹진은 웹 사이트를 만드는 것이 시작이었다.

  먼저 어떤 웹진을 만들지 논의했다. 문학을 하는 공간으로 만들고자 했으나 그것만으로는 부족했다. 웹 사이트의 구조는 어떻게 할 것이며, 어떤 글을 올릴 것인지 틀을 만들어야 했다. 물론 여기까지는 어렵지 않았다. 기존 웹진을 참고해 카테고리와 레이아웃을 설정하면 되는 일이었다. 우리는 이후에 어떤 고난이 생길지도 모른 채 웹진에 넣을 작품에 관해 이야기를 나누었다. 이때 우리 작품만 넣기에는 부족할 것 같으니 청탁하면 좋을 것 같다는 의견이 나왔다. 사실 청탁이라 하기엔 거창하지만, 교수님께서 웹진에 작품을 올리는 작가들은 청탁을 받아 올린다고 이야기를 하신 적이 있다. 우리는 웹 사이트를 제작하기 전에 작품을 받아야 웹진으로 발간할 수 있을 거라는 생각에 청탁을 받고자 했다. 문예창작과 단체 채팅방에 원고 청탁 공지를 올렸다.

웹진 ○○ 1호 원고의 작품을 모집합니다.
접수 방법: ●●●@webzin.com (메일로 보내주세요.)
메일 제목: 장르_이름_학번_작품명
발표: 20××년 ××월 ××일 (인스타그램에 선 발표 추후 개별 메일 연락)
시: 3편 이상

소설: 원고지 30매 내외

동화: 원고지 25매 내외

-모든 작품의 저작권은 작가에게 있습니다.

-작가의 작품은 웹진에 2년간 게시될 예정입니다.

  나는 원고 청탁 담당을 맡았다. 웹진 첫 페이지에 작품을 싣고 싶어 하는 학우들로부터 원고를 받아 계약서를 작성하고 작가 인터뷰를 진행했다. 질문지는 다 같이 만들었지만, 답변을 정리하다 보니 작가님들의 인터뷰를 내가 먼저 접하게 되었다. 단순한 질문도 있고 어떤 대답을 할지 예상이 되는 질문도 있었는데, 작가님들은 우리가 예상했던 것보다 더 많은 이야기를 해 주셨다. 내 작품은 아니었지만 애정이 느껴지는 글이었고, 어느 하나 소중하지 않은 것이 없었다. 그렇다면 내 작품은 어떨까. 질문을 받았을 때 어떤 대답을 할 수 있을까.

  나도 작가님들처럼 원고를 쓰고 인터뷰를 진행했다. 조금 더디기는 했지만, 글을 쓰겠다는 욕망을 다 끌어모아 단편 동화 한 편을 '완성'했다. 동기들의 합평을 듣기 전까지는 그렇게 생각했다. 잘 썼다고 생각하지는 않았지만 고쳐야 할 지점들이 너무 많아 혼란스러웠다. 그렇다. 내 작품은 미완성이었다. 글을 쓰고 싶다고 생각했던 내가 바보였구나. 지금 당장 열심히 한다고 글이 좋아지는 것도 아닌데 내가 동기들에게 피해만 주고 있는 것 같아 미안한 마음마저 들었다. 그때 동기 K는 내 표정을 읽기라도 했는지 조언 하나를 해주었다.

"긴 문장 쓸 때의 팁을 하나 알려줄게. 한 문장에는 하나의 정보만 전달한다고 생각하면 돼. 그렇게 하면 문장 쓰기가 훨씬 쉬울 거야."

고쳐야 하는 것들이 산더미였음에도 그는 나를 탓하지 않았다. 나는 포기해야 하는 사람이라 생각했는데 동기 K는 오히려 나를 독려해 주었다. 그 말 한마디가 나를 다시 글 쓰게 만들 것이라고는 생각지도 못했다.

웹진은 우여곡절 끝에 완성되었다. 홍보는 우리 학교 문예창작과에 알리는 것을 시작으로 각자의 SNS에 글을 올렸다. 홍보를 담당한 동기 S는 웹진 계정으로 인스타그램 피드를 만들고 스토리를 올렸다. 웹진 계정을 태그하는 방식으로 지인들에게 알렸고 공유를 독려하기도 했다. 방문자 수를 확인하면서 누군가 우리 웹진을 보고 갔음을 실감했고, 그 감정은 신기하고도 기뻤다. 앞으로 더 많은 사람이 오면 어떻게 해야 좋을지 망상을 하기도 했다. 물론 사람이 많이 들어오면 좋겠지만 한 사람이라도 들어온다는 것에 감사하면서도 신기했고, 이 공간을 기점으로 꾸준히 습작해야겠다는 결심을 하기도 했다.

  웹진 준비를 하면서도 나를 탓하고 투덜거렸지만, 동기들은 따뜻하게 받아주었다. 내 역할이 얼마나 중요한지, 그리고 내가 얼마나 열심히 하고 있는지 말해주기도 했다. 진지하기보다는 장난이 조금 섞인 말이었다. 이것이 문학과 어떤 연관이 있나 싶지만 내가 문학을 다시금 생각해보는 지점과 맞닿아 있었다. 그동안은 합평을 의식하며 누군가에게 보여줄 만한 글을 썼다. 쓰고 싶은 글이 무엇인지도 모른 채 문학을 갈망한다는 말을 지껄이고 겉돌면서 나를 회피했을지도 모르겠다. 문학을 하겠다는 가식으로 시작했지만 다시 제자리로 왔다. 이번에는 가식이 아니다. 나는 누군가를 위해 문학을 하는 것이 아니라 내가 하고 싶은 것이 무엇인지 찾기 위해 문학을 하는 것이라고 생각한다.

〈내가 제일 싫어했던 유행어〉에게

 야, 이제는 까놓고 말할게. 나 너 진짜 싫어했어……. 기억해? 8년 전쯤 사람들이 네 이름을 엄청나게 불렀잖아. 너한테 몸이 있었다면 네 귀는 형체도 못 알아볼 만큼 닳아버렸을 거야. 무슨 말만 해도 다들 '응, 아니야.'로 대답해서 말문이 막히던 게 엊그제 같다. 어떤 때는 빠르게 '응아니야.'라고 말하고, 또 어떤 때는 말을 천천히 늘여서 '으으응~ 아니야아아~'라고 해서 진짜 짜증 났었는데.
 나는 너를 막 부르는 사람들이 무례하다고 생각했어. 밥 먹었냐고 물었는데 왜 네 이름을 부르는 거지? 이 영화 재밌냐는 말에도 너를 부르고, 제발 '응, 아니야.' 좀 그만 쓰라고 하는 말에 또 '응, 아니야.', '응, 아니야.', '응, 아니야.'……. 그놈의 '응, 아니야.'! 미안. 그때 생각하니까 또 욱하네. 근데 나한테도 이럴 만한 이유가 있다고. 내가 친구들한테 이상한 취급을 많이 받았던 게 너 때문이었으니까. 재미도 한두 번이지 모든 대답을 '응, 아니야.'로 하는 게 네가 생각해도 이상하지 않아?

이제는 너의 존재에 크게 타격받지는 않지만, 그렇다고 이해되는 건 아니야. 그렇게 재밌나? 부정도 긍정도 아닌 네가 모든 대답이 돼버린다는 것이. 질문한 상대를 무안하게 만드는 네가 나는 참 미웠어. 너를 싫다고 할 때마다 친구들은 오버하지 말라고, 너만 불편한 거라고, 아무도 그렇게 생각 안 한다고 그랬었지. 그때부터였어. 내가 너무 예민한 사람이라고 생각하게 됐던 건. 그때의 나는 너무 어려서 남들과 다르다는 게 잘못된 것인 줄 알았거든.

아무튼, 너한테는 미안한 말이지만 요즘은 너의 존재감이 줄어서 다행이야. 너를 대신할 친구들이 꽤 있어도 너만큼 강렬한 애는 아직 없는 거 같거든. 모쪼록 앞으로도 조용히 지내주길 바란다, 제발!

글 쓰는 사람은 뭐가 달라?

"너는 너무 뜬구름을 잡는 거 같아."

중학생 때부터 친구들에게 자주 들었던 말이다. 이런 얘기를 들을 때마다 '나더러 어쩌라는 거지.'라는 대답을 삼키며 웃음으로 되받아쳤지만, 기분 나쁜 마음은 지울 수 없었다. 한두 번 들었을 때는 장난치는 건가 싶었는데 비슷한 말을 점점 자주 듣게 되니 어느 시점부터 의문이 들었다. 내가 그렇게 예민한가? 많이 이상한가……

'응, 아니야.' 사건을 시작으로 내 예민한 성격을 확실히 깨달았다. 지금보다 어렸던 내게 있어 남들과 다르게 생각한다는 말은 칭찬이 아니었다. 금방 털고 일어날 일에 눈물부터 보이는 내가 참 미웠는데, 그즈음에 내 고민을 들어주신 어른께서 이런 말을 해 주셨다.

"너는 예민한 게 아니라 섬세한 거야. 그래서 다른 사람들은 못 봤거나 봤는데도 가볍게 넘길 일에 마음을 두는 거고."

 그 말을 들은 순간 늘 답답했던 가슴이 편하게 풀어졌다. 관점을 조금만 바꾸면 될 문제였다. 이상한 사람이 아니라 특별한 사람이라고 생각하니 내가 보고 느끼는 것이 더는 두렵지 않았다. '응, 아니야.'에 조금씩 대응할 수 있었던 것도 그 덕분이었다. 시간이 흐를수록 이런 내가 더 좋아졌고, 나의 시선을 다른 사람들이 이해할 수 있는 기록으로 남기고 싶어졌다. 문창과를 지망하게 된 것도 그때부터였다. 그 말이 지금의 나를 만들었다.

 힘겨운 입시를 마치고 비로소 문창과에 진학하니 나 같은 사람이 잔뜩 모여 있었다. 누군가는 예민하다고 생각할 수 있지만 사실 누구보다 섬세하고 특별한 나의 동기들.

 입시를 준비할 적에는 친한 친구들에게도, 심지어 부모님에게도 내 글을 보여주지 못했었다. 다들 문제집과 참고서를 들고 다니며 공부할 때 노트북을 열고 글을 쓰는 게 유별나 보일까 봐 걱정됐던 것도 있지만, 가장 큰 이유는 평가가 두려워서였다. 일종의 작은 트라우마랄까. 입시를 시작한 지 얼마 안 됐을 때 몇몇 친구들과 부모님께 용기 내서 소설을 보여줬었는데, 내 글을 다 읽고 그들이 지었던 어색한 웃음이 키보드를 두드릴 때마다 계속 떠올랐다.

물론 그때의 내 소설은 정말 형편없었다. 어색한 웃음은 고사하고 비웃지 않은 게 감사할 정도였지만, 저때는 글로 대학 문턱을 넘어야 했던 시기였기에 자존감이 많이 깎였던 것 같다. 분명 메시지를 녹여 넣고 중요한 떡밥을 중간중간에 뿌려뒀는데도 '그래서 무슨 말을 하고 싶은 건데?'라는 말이 되돌아왔다. 그때, 과외 선생님께 전화해서 '쌤, 저는 쓰레기예요.'라고 말하고 싶은 것을 꾹 참았었다. 내가 예민한 것이 아니라 섬세한 것이라고 믿은 후로는 그런 말에 상처받지 않을 줄 알았는데, 생각해 보면 그때도 겨우 열여덟 고등학생이었다.

이런 이유로 입학 후 첫 합평에서 동기들이 내 글의 모든 의도를 정확히 짚어주었을 때, 잘 마시지도 않는 맥주를 사서 홀로 축배를 들었다.

'아, 이러려고 문창과 왔지.'

거나하게 취한 채로 지적받은 부분은 깔끔하게 잊어버렸다. 그때 느낀 카타르시스는 부족한 내 문장으로는 형용할 수가 없다. 내 시선을 기록하고자 문창과를 지망하며 보내온 좌절의 순간들이 한순간에 사라지는 기분이었다. 줄곧 생각해 왔으나 입 밖으로 낼 수 없었던 말들을 글로 표현해도, 때로는 발표문에 담더라도 '왜 그렇게 생각하는데?'라고 되묻는 사람은 없었다.

덕분에 소설로, 시로, 때로는 감상평으로 내가 하고 싶은 말들을 실컷 할 수 있었다. 동기들의 글에도 시선을 오래 두지 않으면 알 수 없는 깊은 이야기들이 담겨 있었고, 그 이야기들을 읽는 것이 즐거웠다. 친하지 않은 동기더라도 그의 글에서 나와 닮은 주인공을 발견할 때면, 혹은 비슷하게 생각하는 지점이 보이면 내적 친밀감이 하늘을 찔렀다.

소설 스터디를 하면서도 우리들의 시선이 닮아있다는 것을 자주 느꼈다. 비전공자 친구들에게 스터디를 한다고 말하면 "문창과가 스터디에서 공부할 게 있나?"라는 물음이 되돌아왔다. 그럴 때마다 우리도 우리 나름대로 공부할 게 많다고 목소리를 높이며 스터디 시스템을 설명하고는 했다. 보통의 문창과 스터디에서는 기간 안에 시나 소설을 써서 합평하는데, 학기 중에는 전공 수업 과제로도 시와 소설을 써야 해서 스터디용 작품까지 준비하는 것은 쉬운 일이 아니다. 특히 소설은 분량도 A4 용지 기준 8장은 나와야 하니 학기 중 스터디는 미리 작품을 써두지 않는 이상 신중하게 시작해야 한다.

동기들과 스터디를 하며 아이디어도 공유하고 영감도 얻고 싶었던 나는 깊은 고민에 빠졌다. 합평 없이 장면 묘사 연습이나 인물 만들기 연습만 할 수 있는 스터디가 없을까……. 정신 차려보니 스터디에서 할 수 있는 목록들을 메모장에 적고 있었고, 내가 생각해도 꽤 괜찮은 것 같아서 친한 동기를 꼬드기기 시작했다. 원하는 스터디가 없다? 그럼 내가 만들면 그만이었다.

실행력이 좋은 파워 J 동기와 열심히 머리를 굴려 구체적인 계획을 세운 덕에 다음 학기에 소설 스터디 모집 글을 올릴 수 있었다. 많은 인원이 모이지는 않았지만, 그래도 동기들과 복작복작 모여 글에 관해 깊이 얘기할 수 있어서 행복했다. 우리는 소설을 읽고 입체적인 인물을 만들거나 영화의 장면을 묘사하는 연습을 했는데, 글을 쓰기 전에 작품을 감상하고 서로의 생각을 나눴다. 그 시간이 정말 좋았다. 어떤 전공이든 마찬가지겠지만, 좋아하는 분야에 관해 깊이 대화할 수 있는 상대가 있다는 것은 감사한 일이다. 특히 나는 그런 쪽에 목말라 있었고 비슷한 시선을 가진 사람들과 좋아하는 작품을 두고 얘기하기를 바라왔기 때문에 그 시간을 더 즐겁게 보낼 수 있었던 것 같다.

같은 장면을 보고 묘사하더라도 개성에 따라 다른 분위기의 글이 나왔다. 이 친구는 스쳐 지나가는 장면을 보고도 이렇게 따뜻한 묘사를 할 수 있구나, 저 친구는 인물의 속마음을 들여다본 것처럼 상황을 그릴 수 있네. 하나같이 세심한 묘사가 가득했다. 자세히 보지 않으면 쓸 수 없는 문장이었다. 그런 동기들의 시선이 좋았다. 가벼이 넘어갈 수도 있는 상황에 오래 머무르며 인물을 바라보고 장면을 그려내는 모습이 멋있었다. 내가 오래전부터 그토록 바라왔던 그림이었다. '응, 아니야.'를 외롭게 견뎌내던 순간에 함께 '응, 아니야,'를 좀 그만 쓰라고 목소리를 높여줄 사람들을 원했던 것 같다.

지금 생각해보면 이때의 나는 문창과에 다소 취해 있었다. 나와 비슷한 시선을 가진 동기들이 가득하기도 했고, 줄곧 우리의 시선이 얼마나 의미 있는지 생각했었으니까. 그 생각은 비전공자 친구들과 인터넷에 글을 연재하면서 깨졌다.

같은 장르를 좋아하는 친한 친구들이었다. 글과는 무관한 전공이었는데도 다들 글을 좋아하는 편이었다. 장르에 관해 떠들다 보면 "이런 상황에서 엄청 재미있을 거 같은데?", "이거 우리만 알고 있기에는 너무 웃겨."라는 대화가 자주 오갔다. 그렇게 아이디어만 쌓이고 쌓이던 즈음 종강의 축복을 받은 덕에 넉넉한 시간이 생겼다. "문창과도 있는데 진짜 써볼까?"라는 친구의 말에 나는 무슨 자신감이 들었는지 정말로 노트북을 열었다. 같이 아이디어를 짜면 내가 글을 쓰고, 초고를 돌려보며 수정한 뒤 인터넷에 올렸다. 누구나 글을 쓸 수 있는 플랫폼에서 연재하기 시작한 작품은 예상보다 반응이 좋았다. 우리 모두 놀랐다. 구석에 처박

아두기 아쉬운 소재여서 우리끼리 보는 용으로 쓴 거였는데, 이름 모를 타인에게 '작가님' 소리를 들으니 눈이 돌아갔다.

최선을 다하지 않을 수 없었다. 가볍게 쓰려던 문장에 힘이 들어갔고, 다소 단순했던 인물을 어딘가에 살아 있을 법하게 만들려고 없던 서사까지 추가했다. 학기가 끝났는데도 소설 수업을 듣는 기분이 들기도 했다. 아르바이트하러 가서도 틈만 나면 새로운 에피소드를 구상하느라 정신이 없었다. 칭찬이 들릴 때마다 기쁘면서도 더 잘 써야만 한다는 압박감이 들었다. 학교에서 배우는 소설과는 전혀 다른 분위기를 내야 했는데도 배운 게 있다 보니 자꾸 진지한 문장이 쓰였다. 그래도 내 나름대로 만족하며 쓰고 있던 때였다.

그즈음 친구가 직접 구상해서 쓴 글을 올렸는데 이전보다 폭발적인 인기를 끌었다. '좋아요' 수가 빠르게 올라가는 모습을 보면서 나는 한동안 묘한 감정을 느껴야 했다. 우리 채널의 인기가 많아져서 기쁘지만, 이것으로 밥 벌어 먹고살아야 하는 내가 쓴 것보다 비전공자인 친구의 글에 반응이 좋으니 자존심에 상처가 났던 것 같다. 내가 봐도 톡톡 튀고 재미있는 글이었다. 의기소침한 모습을 들키고 싶지 않았지만 분명 티 났을 것이다.

그때는 그런 내가 싫었다. 겨우 이런 이유로 슬퍼하

는 나를 보며 내 예민함을 다시 한번 체감했다. 그 뒤로도 쭉 글을 연재했으나 처음과 같은 반응은 오지 않았다. 그런 시간이 길어지며 서서히 깨달았던 것 같다. 내가 너무 오만했다고. 문창과가 좋아서, 내 예민한 성격이 두드러지지 않는 게 기뻐서 정작 다른 사람의 시선은 존중하지 못했었다. 친구의 글에 비하면 내 글은 너무 이기적으로 쓰였다. 인터넷에 올리는 만큼 다양한 시선을 가진 독자들이 많을 텐데 내가 배운 방식으로만 깊이 들어갔다. 어느새 내 기준으로만 글을 쓰고 있었다. 읽는 사람은 생각하지 않는, 작가로서는 절대 하지 말아야 할 방식으로.

생각해 보면 글을 쓸 때 비전공자 친구들의 도움을 많이 받았었다. 입학하고 꽤 시간이 흐른 후에는 다시 용기를 내서 친구들에게 글을 보여줄 수 있게 되었는데, 한 번은 학교에서 합평 받을 소설을 제출하기 전에 봐달라고 부탁했었다. 문창과 동기들처럼 문장 하나하나를 꼼꼼히 보며 미장센을 발견하지는 못하더라도 굵직한 몇 마디를 던져줬다. 그 말들이 정말 큰 도움이 됐다.

"그래서, 애를 통해서 말하고 싶은 게 뭔지 모르겠어."

"결말이 무슨 의미야?"

"뭔 말인데, 이건."

네가 소설을 아느냐고 되묻고 싶을 때도 있었지만, 그렇게 고친 글은 합평에서 꼭 좋은 이야기를 들었다. 내 시선으로만 보느라 놓친 부분을 비전공자 친구들은 꼭 언급해 주었다. 세상에 글을 쓰는 사람도 많지만, 읽는 사람이 더 많다는 것을 잠시 잊고 있었다. 친구들의 평이야말로 다수의 독자가 내 글을 보고 할 만한 생각이었다. 어쩌면 그 친구들의 시선 덕분에 내 소설이 더 소설다워졌는지도 모르겠다.

시간이 흘러 과에서 특별전시회를 열었을 때, 전시된 내 글을 보고 좋아하는 친구들을 보며 괜스레 미안한 마음이 들었다. 나를 놀리기도 했지만, 이 아이들이 아니었으면 내 다름을 인지할 수 없었을 것이고 글을 쓰는 사람이 되어야겠다고 생각하지 못했을 것이다. 이렇게 좋아할 줄 알았다면 입시 때 조금 더 용기 내서 내 글을 보여줬을 텐데. 친구들이 응원 쪽지를 써주는 것을 보며 지난 시간의 아쉬움을 떠올렸다.

나는 내 생각을 표현하는 법에 서툴렀던 것 같다. 문창과에 오고 여러 인물의 인생을 만들면서 비로소 내 시선을 다듬는 방법을 찾게 되었을지도 모르겠다. 동기들의 시선도, 비전공자 친구들의 시선도 세세히 바라보면 전부 다르다. 같은 장면을 보고도 완전히 다른 글을 써낸 것처럼. 글은 혼자 힘으로 쓸 수 있는 게 아니었다. 내 생각만으로는 단 한 문장도 쓰지 못했을 것이다.

　결국, 내가 써온 소설에는 나의 시선도, 친구들의 시선도 녹아 있다. 가끔은 따가운 말이 들려오더라도 그것마저 하나의 거름으로 녹아들겠지. 나를 꿈꾸게 하고 여기까지 오게 도와준 모든 이들에게 고마운 마음을 전하고 싶다. 앞으로 써나갈 글도, 그리고 내 인생도 모두의 시선과 함께할 것이다.

당신에게

 당신이라고 부르며 시작해도 될까요. 우리는 서로 이름도 얼굴도 모르는 사람들이니까요. 특별전이 끝나고도 종종 당신의 안부가 궁금했어요. 부디 잘 지내셨으면 좋겠는데, 만약 힘든 시기를 보내고 계신다고 해도 이겨내시길 응원할게요. 당신은 제게 큰 용기를 주고 갔으니까요. 당신과의 첫 만남이 너무 강렬해서, 당신에 대한 것들은 전부 잊어도 그 순간만큼은 여전히 뚜렷하게 남아 있어요. 내가 쓴 텍스트를 따라 움직이는 당신의 눈동자. 어디서 멈출까 궁금했는데, 제 작품을 끝까지 읽어주셨잖아요. 물론 당신은 그게 제 작품이었는지 여전히 모르겠지만요. 이제야 말씀드리지만, 저 엄청나게 애탔어요.

 제가 초대한 손님들보다도 먼저 제 글을 읽으셨어요. 늘 말이 쉽게 트이지 않아서 힘들었는데, 초대하기 전에 먼저 와주셔서 감사해요. 엄마가 제 작품을 읽고 계실 때는 주저 없이 엄마 손에 들린 작품집을 덮었는데요. 당신이 읽는 건 차마 덮을 수가 없어서 제 작품이 아닌 척 근처에서 조용히 기다렸어요. 너무 민망했는데 그게 제가 할 수 있는 최선이더라고요.

시간이 흐른 지금도 저는 당신을 처음 본 그때랑 비슷해요. 조금 달라진 게 있다면, 아직 제 글을 못 본 여러 사람에게 조금씩 다가가는 연습을 하고 있어요. 당신 덕분이라고 말하고 싶었는데 늦어서 미안해요. 당신을 기다린 5분이 내 인생에서 가장 의미 있는 5분이 되었어요. 이렇게 귀한 선물을 받아도 될지 모르겠지만, 내 작품이 당신에게 위로가 되었으면 좋겠네요. 다음에 만나면 3일 정도는 거뜬한 사람이 되어 있을게요.

안녕.

5분의 용기

문창과 특별전을 위한 작품을 접수한다고 했다. 1년 전 시화전과는 느낌이 사뭇 달랐다. 시화전은 중간 점검, 특별전은 끝을 장식하는 느낌. 시기도 겨울이었고 규모도 더 컸다. 부지런하게 작품을 준비하고, 기대하는 동기들에게 격려의 말을 전했다. 시화전을 통해 경험을 해 봤다고 해서 더 여유로운 사람은 없었다. 오히려 '문창과 특별전'이라는 단어가 주는 무게가 무거웠다. 특별전을 준비하는 사람들이 많았으므로 문창과 전체에 분주함이 느껴졌다. 그때 내게 한 동기가 조심스럽게 제안했다. 함께 특별전에 참여하지 않겠냐는 것이었다. 나는 고개를 끄덕거렸다. 참여할 생각은 없었는데 나도 너와 같이 작품을 쓰겠다고, 우리 잘해보자고 했다. 지금이 아니면 못 할 경험이라서? 내게 제안하던 동기의 표정이 너무 설레 보여서? 그 설렘을 나도 느껴보고 싶어서? 내가 왜 수락했는지 정확히 기억나지는 않는다. 그때의 나는 엄청 충동적이었다.
 신청서를 제출했다. 문창과라면 전부 참여할 수 있었는데, 이상하게 곧 면접을 보거나 합격 혹은 불합격을 알리는 통지서를 받을 것 같았다. 특별전 관련 공지가 올라올 때마다 놓친 것은 없나 다시 읽기를 반복했다. 마감을 지켜 작품, 오브제, 작가의 말만 제출하면 그만이었다. 없는 시간을 비워 틈틈이 작품을 썼다. 동기들에게 합평도 받으며 부족한 부분을 고쳤다. 대학에 입학하고 처음 했던 합평은 너무 무서웠는데, 이제는 먼저 봐달라고 부탁하는 내 모습이 신기했다. 스스로 성장했다고 생각하던 와중에 여러 얼굴들이 떠올랐다. 가족과 친구들. 아직 이들에게는 내 글을 제대로 보여준 적이 없었다. 늘 다음을 기약하며 미룬 시간만큼 내 글을 보여주기가 점점 더 힘들었다. 이번 특별전에 가족과 친구들을 초대하기로 했다. 외부 손님들이 많이 오니까 자연스럽게 묻어갈 수 있을 것 같았다. 마음을 굳게 먹었지만, 그 뒤로 작품 쓰기가 어려워졌다. 처음부터 감추지 않았으면 조금 쉬웠을까. 가족이나 친구들에게 스스럼없이 자기 작품을 보여주는 동기들이 신기했다. 나도 용기를 내 보기로 했다.
 마음을 먹어도 사람을 초대하기는 쉽지 않았다. 더군다나 내 작품을 보여주어야 하는 상황은 더 입을 열기 어렵게 만들었다. 아직도 강의에서 내 작품 합평을 하면 손을 달달 떠는 사람이었다. 이런 내가 누군가를 초대할 수 있을 리 없었다. 한 번도 내 작품을 보여준 적 없는 지인들에게 무슨 말을 할지 생각했다. 특별전은 며칠간 운영됐지만, 특별전이 끝나는 마지막 날만 모두에게 알려주었다. 오지 말라는 뜻은 아니었고, 내가 용기를 낼 수 있는 시간이 딱 하루였다. 자연스럽게 초대하기도 쉽지 않은데, 작품 앞을 지키며 사람들을 맞이하는 일은 상상만 해도 부담스러웠다. 최대한 간단하게 추려서 말했다. 특별전을 하게 되었으니 시간이 되면 오라고. 시간을 낼 필요까지는 없고, 그냥 마침 시간이 남으면 오라고 했다. 휴대전화를 꺼내서 장소와 시간, 안부를 꾹꾹 눌러 친구들에게 보냈다.

가족들에게는 따로 말했다. 모두가 모인 자리에서 최대한 덤덤하게. 특별전을 하게 되었으니 관심 있으면 오시라고 했다. 안 좋은 소식을 전하는 것도 아닌데 떨었다. 잘 긴장하는 편도 아니라 이 두근거림이 낯설고 힘들었다. 이야기를 하면서 목소리가 떨리는 게 느껴졌다. 내가 안 좋은 소식을 전해도 내 이야기를 끝까지 다 들어줄 사람들인데 마음이 따라주지 않았다. 하려던 말이 자꾸 먹혔다.

작품을 쓰는 일 외에도 여러 가지 준비가 필요했다. 특별전을 감상할 사람들에게 나를 소개하는 한 문장을 쓰고, 소설 속 한 장면을 뽑아야 했다. 제출 마감이 임박할 때까지 고민했다. 한 마디 적고, 좋아하는 장면을 뽑는 일이 이렇게 어렵나 싶다가도 그게 작업의 매력이라고 생각했다. 작품을 읽기 전에 보면 좋을 간단한 소개 글을 적었다. 장면까지 뽑고 나서야 정말 특별전을 준비한다는 실감이 났다. 두렵고 떨리는 것은 여전했지만, 처음으로 글을 보여주게 되었으니 시작부터 끝까지 좋게 기억되고 싶은 욕심이 들었다.

뽀글뽀글한 파마머리 가발에 종이 꽃잎을 찢어 넣었다. 미용사의 실수로 파마한 엄마의 머리카락 사이로 벚꽃잎이 콕콕 박힌 장면을 보여주고 싶었다. 내 소설에서 가장 좋아하는 장면이었다. 종이꽃을 찢으며 옆에 앉은 동기와 특별전에 관해 이야기했다. 우리가 특별전을 준비하고 있다니. 특별전을 준비하는 일보다 초대한 사람들에게 내 글을 공개해야 한다는 사실이 더 힘들었다.

완성된 오브제를 제출하러 갔다. 꽃잎이 날리지 않도록 가발을 조심히 들고 걸었다. 바깥에는 바람이 많이 불었다. 완성된 오브제가 투박하지만 귀엽다고 생각하며 소복이 쌓인 눈을 밟았다. 도착한 곳은 앞으로 작품이 전시될 곳이었다. 이전에 본 시화전 전시장보다 더 컸다. 마음이 조금씩 움직이기 시작했다. 내 작품이 어떤 식으로 전시될지 모르겠지만 분명 멋있을 것이라고, 좋은 경험이 될 것이라고 말했다. 옆에서 같이 오브제를 만들던 동기도 내 말에 동의했다.

며칠 뒤, 내게 연락이 왔다. 특별전에 작품이 전시되었다는 내용이었다. 강의가 끝나고 동기와 함께 전시장으로 향했다. 도착하자마자 받은 전시 팸플릿에는 작가 소개와 작가의 말이 적혀 있었다. 내 이름이 보였다. 내가 쓴 문장이지만 낯설었다. 팸플릿에 안내된 위치를 따라 작품을 찾았다. 작품 앞에 놓인 꽃다발과 작품 옆에 붙은 메모지를 보니 마음이 이상했다. 같이 간 동기와 조용히 사진을 찍고, 같이 수고한 모두에게 하고 싶은 말을 적었다. 벽 한쪽에 붙은 거대한 종이에는 이미 문예창작과 학생들과 전시를 보러 온 사람들이 여러 글을 남기고 간 상태였다. 잠시 고민하다 짧게 한 문장 적었다.

〈돌고 돌아 다시 만나요!〉

계속 글을 쓰고 있으면 학교 밖에서도 정말 다시 만날 수 있을 것 같았다. 인사도 제대로 못 하는 내가 다시 만나면 반가워할 수나 있을까 싶었지만 그것은 나중 이야기였다.

동기들의 작품도 구경했다. 강의에서 보고 합평했던 작품도 있었고, 완전히 처음 보는 작품도 있었다. 다들 특별전을 위해 열심히 준비했을 것을 생각하니 또 달라 보였다. 다른 작품을 구경하고 다시 내 자리로 돌아왔다. 마지막으로 한 번만 더 보고 집으로 돌아갈 생각이었다. 몸을 틀어 내 작품이 있는 곳으로 향했다. 내 작품 쪽으로 가까이 다가갈수록 검은 형태가 점점 뚜렷해졌다. 처음 보는 사람이 내 작품을 읽고 있었다. 나와 동기는 그 장면을 보고 웃었다. 웃겨서 웃은 건 아니고, 그때 지을 수 있는 최선의 표정이었다. 갑자기 느껴지는 긴장 때문에 어디서 재미를 느껴야 할지 몰랐다. 내 작품인데 내 작품이라고 할 수 없어서 그냥 근처만 맴돌았다. 이미 본 동기들의 작품을 다시 감상하고 오브제를 구경했다. 그래도 시간을 끌기가 어려워서 조용히 동기에게 다가갔다. 최대한 입을 움직이지 않고 조용히 말했다.

"엄청난 기분이야. 말로는 설명 못 하겠어."

좋은 경험이라고만 생각했는데, 그 이상이구나. 경험을 넘어서 앞으로 꾸준히 글을 쓸 큰 동기가 되겠구나. 초대하지 못했던 얼굴들이 하나씩 떠올랐다. 굳이 감상을 듣지 않아도 이들이 내 글을 보고 있는 것만으로도 힘이 될 것 같았다. 내가 사랑하는 사람들이 보고 싶고, 그들에게 이 장면을 보여주고 싶었다.

집중해서 작품을 읽는 그에게 재미있냐고 물어보고 싶었지만 그러지 않았다. 그냥 그때 당시에 내가 할 수 있는 일은, 작품을 읽는 동안 방해되지 않는 것이 전부였다. 눈치를 많이 보던 것이 도움이 된 적은 처음이었다. 그가 다 읽은 작품을 내려놓고 전시회장을 나갔다. 사람이 많이 빠진 전시회장에서 동기와 나는 덩그러니 서 있었다. 나를 몰라도 내 소설 속 인물들을 봐줄 사람이 있다니. 우연한 기회로 목격한 장면이었지만, 싫지 않았다. 그가 떠나간 빈자리 앞에 섰다. 내 자리라고 생각했는데 아니었다. 기껏해야 가족이나 친구가 설 줄 알았는데 그것도 아니었다. 강의가 끝나면 곧바로 집으로 향하던 발걸음이 떨어지지 않았다. 이미 걸었던 길을 다시 걸어 계속 내 작품 앞으로 갔다. 볼 때마다 새로운 느낌이었다. 작품은 내일도 이 자리에 있을 테니 그만 집으로 돌아가기로 했다. 집에 가는 길에도, 집에 도착해서도 전시회장에서 본 장면이 맴돌았다. 특별전은 이제 시작이었는데 끝났을 때의 후련함을 미리 끌어다 쓰고 있었다.

그러다가 내가 사랑하는 사람들에게는 내 글이 어떻게 읽힐지 궁금했다. 내 세상을 보여주고 싶었다. 그동안 꼭꼭 숨겨둔 내 세상에는 이런 이야기가 있었고, 앞으로도 더 많은 이야기가 나올 테니 기대하라고. 특별전을 통해 전달할 이야기가 애틋했다. 내가 쓴 것 중에 가장 좋아하는 이야기지만, 역시 내 마음에만 들어서는 안 된다고 감춰둔 날들 안에서 살았다. 이제는 조금 다른 마음을 가지기로 했다. 이름도 모르고, 얼굴도 잘 기억나지 않는 그가 끝까지 인내하면서 읽어준 내 작품에 더 많은 애정을 가지기로 했다. 내 소설을 읽는 사람을 기다린 5분보다, 내가 보여줄 이야기를 내 주변 사람들이 기다린 시간이 훨씬 길었다는 것을 깨닫고 나니 미안했다. 내가 먼저 보여주기 전까지 아무도 내게 글을 보여 달라고 강요하거나 재촉하지 않았다. 내 생각에 좋은 글이 아니어도 이제는 보답해야 할 시간이었다.

전시회 마지막 날, 내가 강의를 듣는 동안 부모님이 오셨다. 나는 연락을 받고 강의가 끝나자마자 전시회장으로 달렸다. 이미 부모님이 내 소설을 읽고 있었다. 자신 있게 기다리려다가 차마 끝까지는 못 보여드리고 중간에 끊었다. 내용이 궁금하다는 엄마에게 언제든지 보여줄 수 있으니 지금은 집으로 돌아가자고 했다. 찾아와준 친구들에게 고맙다고 인사를 건넸다. 없는 시간을 쪼개서 온 친구들이 대부분이었다. 집으로 가면서도 내가 없는 전시장을 방문한 친구들에게 연락이 왔다. 네가 이런 글을 쓰는지 몰랐는데 난 네 글이 좋다고, 다음에도 보여달라고 했다. 다시 학교로 돌아가고 싶었다.

그동안 어떤 글을 쓰는지 알려주지 않아도 충분히 응원받고 있다고 생각했다. 하지만 내가 쓴 글을 보고도 나를 응원한다는 것은 더 큰 힘이 됐다. 내 꿈이니까 혼자 알고 있어도 된다고 여겼던 지난날의 생각들이 무색하게 넘치도록 위로받았고, 용기가 생겼다. 특별전에 제출한 물건을 가져가면서 안 본 사이에 늘어난 쪽지들을 읽었다. 하나 같이 다 나를 축하하고 격려하는 말이었다. 시작부터 잘못되었다는 생각은 사라지고, 전시하기를 잘했다는 생각과 나를 응원하는 사람들만이 남았다. 최선을 다했으니 후회도 없다. 가벼운 마음으로 준비했으나 절대 가벼울 수 없던 지난 시간이 감사했다. 전시회는 끝났지만 나는 이제 시작이다. 늘 응원해 주는 사람들 곁에서 아직도 행복하게 글을 쓰고 있다.

졸업

김유진, 이윤교, 유하늘, 흐물이, 고운정, 손장미

출판사 사장님들께

 출판사 사장님들, 안녕하세요. 저는 마케팅에 관심 있는 학생입니다. 이제는 취준생이라고 하는 게 맞을까요? 사실 마케팅에 큰 관심은 없었어요. 오히려 편집 쪽이 흥미롭다는 생각이 들었습니다. 좋은 책을 읽으면 보물을 찾아내는 것 같고, 그게 꽤 재밌어서 유명하지 않은 것들을 많이 봤어요. 그런데 이상하더라고요. 왜 사람들에게 알려지지 않았을까? 가독성도 좋고, 작가님이 다룬 내용도 좋았어요.

 흠이 하나 있다면 디자인이 조금 별로라는 점? 아무리 디자인이 중요하다지만 이럴 수 있나. 물론 작가님이나 마케팅을 하시는 분들의 능력을 의심하는 건 아니에요. 그런데 '왜?'라는 의문이 계속 생기더라고요. 저라면 더 잘 홍보할 수 있을 것만 같고, 더 유명해지게 만들 수 있을 것만 같은 자만심이 들었습니다. SNS도 많이 하고, 유튜브도 많이 보고. 사람들이 어떻게 하면 관심을 가질지 더 많이 알고 있다고 생각해요.

사실 회사에 다니시는 분들이 하는 업무랑 제가 생각하는 것이 크게 다를 거라고는 생각하지 않습니다. 하지만 많은 아이디어가 모일수록 더욱 좋은 성과를 낼 수 있다고 생각해요. 또, 나이대가 다양하다면 더욱 다양한 의견이 생길 거라고 믿습니다. 게다가 저는 재택도 가능해요! 그런데 재택이 가능하기는 한가요? 저는 가끔 집에서 일해야 능률이 올라가거든요. 좋게 생각하면 저는 어디서든 잘할 수 있다는 거예요. 회사에 저 같은 사람 한 명 있으면 도움이 되지 않을까요?

출판사 사장님들, 연락 기다리고 있습니다. 꼭! 생각해 보시고 연락 주세요. 감사합니다.

#파워마케터

 그날따라 이상했다. 늦잠을 자기도 하고, 늦었는데 집에서 핸드폰을 잃어버리기도 하고, 셔틀버스를 놓치기도 하고. 며칠에 한 번 겪는, 운이 안 좋은 날이었다. 나쁜 일이 몰아서 오면 오늘 하루는 행복하겠지 생각했다. 그래야만 했다. 소설 주인공이나 드라마 주인공도 아닌데 온종일 운이 안 좋다는 것이 말이 되나. 나는 셔틀을 놓치고 시계를 확인했다. 수업까지는 십 분 정도가 남아 있었다. 평소에는 택시비가 아까워 셔틀을 기다리고 지각을 했을 텐데 그날은 그럴 수 없었다. 첫 수업부터 소설 합평이었고, 첫 번째 차례가 나였다.
 나는 셔틀버스 주위를 맴도는 택시에 탔다. 그리고는 학교를 외쳤다. 수업까지 시간은 얼마 남지 않았는데, 차는 느리고 시간은 빨리 갔다. 나는 초조한 마음에 핸드폰과 앞을 번갈아 봤다. 곧이어 택시가 학교 앞에 도착했다. 나는 빠르게 교실까지 달렸다. 정문에서 교실까지의 거리가 유난히 멀게 느껴졌다. 뛰는데 숨은 차오르고, 시간은 없었다. 시간을 맞춰 교실로 들어오자 곧바로 교수님이 들어오셨다. 나는 숨을 고를 새도 없이 자리에 앉아 노트북을 켰다. 공간은 조용해졌고, 불행의 시작이었다.

　수업은 빠르게 진행됐다. 전에 동기들이 합평을 받았던 것처럼 글의 서두를 읽고 동기의 합평을 들었다. 분명 좋은 마음으로 하는 말이겠지만 마음에 콕, 콕, 하고 박혔다. 평소에도 자주 들었던 말이었다. 인물의 설정이나 묘사, 전체적인 이야기 구성 같은 것이었다. 매번 들었던 말이라 괜찮겠지, 했는데 아니었다. 이야기를 듣고 다시 글을 훑어보면 '이게 과연 소설이 맞나?' 싶은 생각이 들기도 했다. 이상하게도 안 좋은 말을 들을 때만 맥이 빠졌다. 어릴 때부터 그랬다. 쓴소리는 잘 머금고 있지 못했다. 듣기 좋은 말만 새겨듣고 담아뒀다. '그래서 이런 글이 나왔나?' 하는 좌절감이 들었다. 분명 교수님이 해주시는 말을 받아적고 있는데 집중하지 못했다. 집중하지 않았다는 게 맞는 말일까. 아니면 외면하고 싶었던 것일까. 아마도 전부 다일 것이었다.

　교수님의 말이 끝내고 내 소감을 말하는 시간이 왔다. 이 소설은 어디서부터 시작됐고, 어떻게 쓰게 됐는지. 내 이야기의 시작은 늘 단순했다. 그냥 써보고 싶어서, 이런 일은 재밌을 것 같아서. 오로지 나를 위한 글이었다. 하지만 그런 이유를 대기에는 너무 없어 보였고, 나는 있어 보이는 말로 글을 포장했다. 내 글에 내가 차리는 예의였다. 합평이 어떻게 끝났는지 기억나지 않았다. 다른 사람들이 다 빠져나간 교실은 조용했다. 혼자 있을 공간이 필요했다. 조용히 있을 수 있는 공간을 떠올렸다. 4층 복도 끝, 그러니까 수업을 듣는 곳 맞은편에 자리한 전공도서관이었다. 문예창작과 사람들만 사용할 수 있고, 도서관이 따로 있어서 문예창작과 사람들도 잘 오지 않는 곳이었다. 게다가 사람이 온다고 해도 많은 인원이 오는 게 아니라 괜찮았다. 나는 짐을 챙겨 전공도서관으로 향했다.

전공도서관에는 많지 않지만 몇 개의 의자가 있었다. 나는 다른 사람의 눈에 띄고 싶지 않았으므로 가장 구석에 있는 의자에 앉았다. 나밖에 없는 공간은 고요했고, 조금은 어색했다. 자취해서 혼자 있는 시간이 많은데도 낯선 공간에 혼자 있는 일이 외롭게 느껴지기도 했다. 게다가 합평으로 쓴소리를 들은 직후라서 더욱 크게 느꼈을지도 모르겠다. 밖에서도 아무런 소리가 들리지 않았다. 정말 학교에 나 혼자 남겨진 기분이었다.

나는 어색하게 자리에서 일어나 책장으로 향했다.

많은 책이 꽂혀 있었다. 시간이 오래돼 바랜 책들도 보이고, 새것처럼 빳빳하고 깨끗한 책들도 더러 보였다. 나는 그중에 어떤 것을 볼까 고민했다. 가만히 있기에는 낯설었고, 익숙한 뭐라도 쥐고 있어야겠다는 생각뿐이었다. 책장을 보다가 익숙한 젊은 작가상 수상작을 빼 들었다. 몇 번 보지 않았는지 깨끗한 상태였다. 나는 이미 봤던 소설을 다시 펼쳤다. 작가들의 문장은 볼 때마다 감탄하게 됐다. '나도 분명 비슷한 감정을 느꼈던 것 같은데, 그런데 설명하기 어려웠는데, 이게 된다고?'라는 느낌을 여러 번 경험했다. 또, 묘사 같은 것을 보면 '이렇게 한다고?' 싶기도 했다. 내가 가장 어려워하는 것이라서 그런지 더욱 대단해 보였다. 특히 합평에서 묘사가 부족하다는 얘기를 듣고 와서 더욱 그랬다.

작가들의 글을 보고 있으면 기가 죽었다. 나는 언제쯤 이런 글을 쓸 수 있을까, 쓰는 날이 오기는 할까, 살면서 가능할까, 같은 한탄을 하게 됐다. 그래서 보고 싶지 않았다. 보면 더욱 마음이 힘들어지는 것 같았다. 나는 다른 책을 찾기 시작했다. 잘 쓴 책 말고, 그냥 책이 필요했다. 생각 없이 그냥 즐길 수 있는 것이 간절했다.

들어본 적 있는 것이 아닌, 처음 보는 작가와 책의 이름을 골랐다. 평소에 그다지 책을 많이 읽는 편은 아니었지만 그래도 들어본 적 없는 작가의 책을 빼 들었다. 제목도 흥미로웠다. 나는 시간을 확인했다. 셔틀은 늦게까지 끊기지 않으니 전공도서관이 닫히기 전에만 나가면 될 일이었다. 책을 폈다. 글자가 커서 읽기 편했다. 그런데 읽을수록 내용은 흥미로웠다. 뻔한 듯하면서 뻔하지 않고, 무엇보다 재밌고 주제도 잘 잡혀 있었다. 책은 가장 잘 쓴 글을 내는 것이지만 이렇게까지 재밌을 줄이야. 평소에 의무감으로 읽던 책들보다 훨씬 재밌다고 느껴졌다. 시간만 된다면 앉은 자리에서 다 읽고 가고 싶었다.

시계를 보니 전공도서관의 마감까지 얼마 남지 않았다. 나는 읽던 것을 덮어두고 책을 제자리에 꽂았다. 그리고는 읽던 책의 제목을 검색했다. 오래된 책이라 구매가 어려운 것인지, 잘 되지 못한 책이라 없어져 구매가 어려운 것인지. 돈이 있어도 책을 살 수 없었다. 나는 아쉬운 마음을 뒤로하고 문을 열었다.

뒷부분이 궁금해 잠을 잘 수 없었다. 검색을 해봐도 책은 나오지 않았다. 사람들의 짧은 서평이 다였다. 결말이 어떻게 되는지 궁금했다. 나는 평소보다 일찍 집에서 나왔다. 빠트린 물건이 있어도 집에 다시 들를 만큼의 여유가 있었고, 셔틀도 놓치지 않고 탔다. 지각하지도 않았다. 수업에 들어가기 전에 전공도서관을 들렸다. 책은 내가 꽂아둔 자리에 그대로 있었다. 나는 수업을 마치자마자 동기들을 보냈다. 전공도서관에 들러 책을 보겠다고 말했다. 동기들은 같이 가자고 말했지만, 나는 동기들의 등을 떠밀었다. 방해받고 싶지 않았다.

 나는 동기들이 완전히 사라지는 모습을 보고서 전공도서관 안으로 들어갔다. 여전히 혼자 있는 공간이 어색했지만 어제보다는 덜했다. 하루 사이에 익숙해진 것인지 자연스럽게 어제 앉았던 자리로 갔다. 가방을 주변에 두고 책을 빼 들었다. 어제 삼 분의 일 정도를 읽었다. 오늘 수업이 빨리 끝났기에 서둘러 읽는다면 다 읽을 수 있을 것이었다. 하지만 그러고 싶지는 않았다. 과제처럼 빠르게 읽기만 한다면 재미가 덜해질 것이고, 의무감으로 읽는 것과 다를 게 없었다. 시간이 걸리더라도 천천히 읽고 싶었다. 평소에 책이 재미없었던 것이 의무감 때문이었나? 나는 책을 펴 읽기 시작했다. 역시나 묘사도 좋았고, 인물, 사건, 배경 무엇 하나 빠지지 않았다. 이야기도 흥미로워 술술 읽혔다. 그 때문인지 평소에는 하지도 않던 메모를 하기 시작했다. 읽기 급해서 기록하지 못했는데, 오랜만에 남기는 글들이 새로워 보였다. 읽을 부분이 줄어드는 것이 아쉬울 정도였다.

 '왜 그동안 이 책을 몰랐지?'

책을 읽다 보니 작가의 다른 책도 궁금해졌다. 그게 아니라면 이런 종류의 책을 다양하게 읽고 싶어졌다. 어쩐지 전공도서관 안에 있는 모든 책을 읽어보고 싶었다.

나는 그 뒤로 그 작가의 모든 책을 읽었다. 다 재밌다고는 할 수 없지만, 대부분이 좋았다. 내가 하지 못하는 것을 아무렇지도 않게 해냈다. 그냥 해내는 것이 아니라 재미도 있었다. 늘 주제를 찾느라 힘들었는데 이 작가의 소설은 아니었다. 읽을수록 어떤 말이 하고 싶은지 명확하게 보였다. 나와 잘 맞는 것일까. 나는 이 작가를 제외하고도 유명하지 않은 책들을 몇 권 더 읽었다. 어쩐지 다른 책들을 읽을수록 유명한 책보다 그렇지 않은 책들이 더욱 재미있다는 생각이 들었다. 보물찾기하는 기분이었다. 나는 유명한 책들과 비교해 메모하며 읽기 시작했다. 처음에는 호기심으로, 그 후에는 재밌어서 공부하는 것처럼, 그다음에는 차이점을 찾기 위해서 읽었다. 여러 문구를 비교해 보니 유명 작가가 써준 말에 찾아 읽는 사람이 더 많았다.

'분명히 이 책들도 충분히 매력 있고 재미있는데 사람들이 좋아하지 않지? 왜 서점에 널린 책들만 읽지?'

왜 유명한 사람이 들어간 책을 읽는지 알 수 없었다. 분명 나도 그랬다. 유명하다는 책만 찾아 읽고, 꼭 읽어야 한다는 것만 읽었다. 그때는 하나도 즐겁지 않았다. 아니, 재미는 있는데 내가 바라던 것이 아니었다. 그런데 여기는 천국이었다. 인터넷이나 서점에서 책을 볼 때마다 더욱 즐거웠다. 유명하지 않지만 다양한 책들이 널려있었다.

그런데 읽을수록 안타깝다는 생각이 들었다. 분명 유명해질 수 있는데 더는 구매할 수 없는 책들이 많았다. 나는 왜 이런 책들이 팔리지 않는지 생각했다. 작가의 문제인가? 그것은 아니었다. 그렇다면 유명하지 않아서 문제인가? 어느 정도 영향이 있다고 생각했다. 사람마다 다르겠지만, 특정 작가의 문체나 인물, 배경이 매력적이라 읽는 독자도 더러 있었다. 그런데 유명하지 않은 작가라면 사람들의 관심이 덜할 테고, 잘 읽어보지 않을 터였다.

그리고 다른 문제가 있다면 홍보의 차이라고도 볼 수 있었다. 사람들은 SNS를 많이 사용하고, 그곳에서 많은 광고를 하고 있었다. 그런데 노출이 되지 않는 책이라면 사람들의 관심이 현저히 낮을 것이었다. 과거에는 SNS 광고가 선택이었다면 요즈음에는 필수가 돼버린 것이다. 나는 어떤 식으로 이 책들을 광고하면 좋을지 생각했다. 아무래도 표지를 바꿔야만 했다. 오래전에 나온 책들은 최신 유행에 동떨어져 있기도 하고, 사람들에게 맞춰야만 했다. 요즘 책을 사는 독자들은 보통 20대부터 30~40대 여성이다. 책을 많이 팔기 위해서는 그 사람들을 공략해야만 했다. 요즘 유행하는 디자인으로 표지를 제작하고, 읽는 용도뿐 아니라 소품으로 쓰이기도 하기에 그것에 맞춘 단정하지만 독특한 표지가 필요했다. 그리고 SNS를 이용해 유명 인플루언서나 리뷰어에게 책을 제공해 감상을 쓰게 만든 뒤, 사람들이 스쳐 지나가다 한 번쯤은 볼 수 있도록 하는 것도 좋은 방법일 것이었다.

나는 책이 유명해졌으면 하는 마음에 어떻게 하면 그럴 수 있는지 고민했다. 그러다 보니 어느새 나는 책의 내용보다 디자인을 보고 있었다. 출판사에서 책을 마케팅하는 것에 관심을 기울였다. 각종 출판사의 SNS에 들어가 홍보하는 과정을 보기도 했다. 내가 생각했던 것과 크게 다르지 않았지만 보는 것은 상상했던 것보다 더욱 흥미롭고 즐거웠다. 마케팅을 직접 공부해보고 직접 해보고도 싶었다. 그래서 블로그에 읽은 책들의 서평을 남기기 시작했다.

'이런 책도 있어요, 이 책도 재밌어요.'

소설을 쓰는 것 외에 흥미로운 일이 늘었다. 어쩌면 소설을 쓰는 것보다 즐겁다고 느꼈을지도 모르겠다. 평소에 잘 하지도 않았던 메일을 쓰게 됐다.

〈출판사 사장님들, 블로그 마케팅은 어떠세요? 검색할 때마다 걸릴 수 있게요. 아니면, 책을 구매해 리뷰를 남겨주면 새로운 책을 한 권 준다든지요. 이런 것 돈이 너무 많이 들어서 별로일까요. 아니면, 저는 어떠세요?〉

나는 마케팅을 더 배워보고 싶었다. 그래서 마케팅을 다루는 유튜브 영상을 몇 개 찾아서 메모하기도 했다. 또, 마케팅에 관해 배울 수 있는 곳을 찾아봤다. 학원도 있고 학교도 있었지만 전문직에서 배워보고 싶었다. 그래서 출판사의 공고를 찾아보게 됐다. 과연 내게 합평에서 쓴소리를 들은 것이 나쁜 일이었을까? 내게 새로운 관심을 가져다줬는데, 안 좋은 일이었다고 볼 수 있을까? 출판사의 공고가 떴고, 나는 망설임 없이 지원했다. 이제는 기다리기만 하면 된다. 내보일 것은 하나도 없는데 이상한 자신감이 들었다. 이상하고, 이상한 날이었다.

#이상한날 #마케팅 #파워마케터 #MZ마케터

든든한 파트너 컴퓨터에게

 나 졸업했어. 대학원에 가지 않는 이상 이번이 마지막 졸업이겠지. 생각해 보면 학창 시절은 늘 너와 함께했던 것 같아. 아직도 네 얼굴에는 어린 시절 내가 붙인 스티커가 붙어 있더라. 누렇게 변색 된 스티커가 우리가 함께한 세월을 보여주고 있다는 게 참 신기하다. 매일 네 앞에서 라면 만드는 게임과 옷 입히는 게임 등을 했던 내가 문학을 하겠다고 글을 쓰고 있네. 엄마에게조차 보여주지 못한 내 글들을 모두 본 것은 너뿐이야. 처음 소설 썼을 때보다는 실력이 늘었으려나. 하루하루는 길게 느껴지는데 뒤돌아보면 너무 빨랐다고 느껴져. 내가 졸업했다니.

 사실 졸업하고 취업을 하지 않았어. 네 부팅 시간이 점점 느려지고 있다는 걸 알지만, 도움이 필요해. 너도 알잖아, 우리 집. 일하지 않는 자 집에 있을 생각도 하지 말라. 집에서 지내려면 취업 전 무엇을 할지 계획을 세워야 해. 지금까지는 과제랑 아르바이트에 치여 정작 내가 쓰고 싶은 글은 뒷전이었는데 말이지. 사회로 나가기에는 시간이 조금 더 필요해.

 어쩌면 남들보다 늦어진다고 생각할 수 있어. 당장 내 주변만 봐도 연구실에 들어갔다던가 취업을 한 친구들도 있으니까. 그래도 너무 조급하게 생각하고 싶지는 않아. 인생은 오래달리기와 비슷하다고 생각해. 무작정 앞질러 나가면 나중에 진이 다 빠지고 말 거야. 나는 아직 출발 지점에 더 가까운 20대인걸. 천천히 내 페이스에 맞춰 달려보려고. 너는 나 믿지? 이번에도 잘 부탁할게!

자발적 백수 일지

* 취업 준비생이라면 이 에세이를 참고해서 살아남기를 바랍니다.

'이제 슬슬 준비해야 하는데.'

나는 방바닥에 대자로 누워 천장만 한없이 바라봤다. 이제는 간지럽지도 않은 기름진 머리를 긁고 점막에 달라붙어 있는 누런 눈곱을 뗐다. 무거워진 눈꺼풀이 반쯤 감겨 버린, 나른한 오후였다. 숨을 깊게 들이마시며 몸에 힘을 뺀 나는 오랜만에 느끼는 자유와 휴식을 만끽했다. 예쁘게 말하면 갓 졸업한 따끈따끈한 어른이지만 현실은 백수다. 아니, 사실 모두가 전자보다는 후자로 나를 보고 있었다. 좋게 봐주면 취업 준비생 정도?

그래, 한 달이면 많이 쉬었지. 고등학생 때까지는 방학이 와도 학원에 갇혀 살았고, 대학교 와서도 돈 버느라 집보다 밖에 더 많이 있었으니까. 그동안 나름대로 생각 정리도 했다. 유치원 시절부터 끊임없는 교육과 경쟁을 통해 대학교에 들어와 졸업까지 끝마쳤다. 남은 관문은 취업. 모두 내가 조기 취업할 거라 예상했지만, 완전히 빗겨나갔다. 나는 졸업 후 한 달이나 지났음에도 취업에 대한 말을 일절 꺼내지 않았다. 답은 간단했다. 아직 취업할 생각이 없으니까.

내 궁극적 목표는 소설가다. 고등학교 때는 입시 준비로, 대학교에 와서는 과제와 아르바이트로 등단 준비를 온전히 할 수 없었다. 지금 쏟아붓지 않으면 두고두고 후회할 것이다. 과거만 뒤돌아보며 쓸쓸해질 바에는 시간을 투자하기로 했다. 결과가 좋지 않아도 일단 최선을 다하자는 마음으로. 각오는 마쳤다. 이제 가장 큰 관문이 남아 있을 뿐이다.

예언을 하나 해보겠다. 오늘은 엄마가 앞으로의 계획을 물을 것이다. 이럴 때 선수 쳐야 한다. 모든 것을 예상했다는 듯이 반응해야 엄마가 믿고 지원해 줄 테니까. 고개를 돌려 벽시계를 바라봤다. 오후 2시 34분. 모임에 나간 엄마가 곧 돌아올 시간이었다. 모임에서 내 또래 자식들 자랑을 듣고 올 게 분명했다.

엄마가 나를 한심하게 생각하는 것 같지는 않다. 하지만 내가 누구인가. 가뜩이나 취업이 어렵기로 유명한 문예창작학과 졸업생이다. 엄마도 모임에서 이런저런 이야기를 들으면 심란한 마음에 취업은 언제 할 것인지 물어볼 것이 분명했다. 이건 심리전이다. 아줌마들의 자랑을 엄마 머릿속에서 지워버리고 나를 믿고 기다릴 수 있게 만들어야 한다. 더 지체할 수 없었다. 나는 무거운 몸을 벌떡 일으켜 컴퓨터를 켰다.

나와 동생들은 어린 시절부터 계획표를 작성해 엄마에게 보여줬다. 학원을 바꾸고 싶다던가 필요한 물건이 있으면 향후 계획이나 이유, 거래 등을 통해 원하는 것을 얻었다. 설마 내가 아직도 한 자 한 자 또박또박 연필로 계획표를 쓰겠는가. 사실 가끔 그러지만, 이번에는 조금 다른 방법으로 엄마에게 계획표를 보여줄 작정이다. 이름하여 백수 발표회.

나는 피피티 1페이지에 큼지막하게 '슬기로운 백수 생활 발표회'라고 썼다. 백수라는 단어와 취업 준비 사이에서 거듭 고민했다. 그런데 내가 백수인 것은 이미 다 아는 사실인데 포장해 봤자 무엇하겠는가. 앞에 '슬기로운'을 붙였으니 이만하면 됐다. 솔직함으로 다가가는 효녀가 되어보겠다고 말하려 했지만, 사실 조금 불안하다. 재빨리 2페이지에 '잠깐! 일단 한 번만 들어주세요'라고 썼다. 일단 들어라도 달라는 간곡함은 그때의 내 표정과 말투가 잘 연기해 줄 것이다.

이 발표에서는 힘이 너무 들어가도 빠져도 안 된다

는 것이 가장 중요하다. 힘이 들어가면 이 피피티를 정성스럽게 만들 시간에 행동으로 보여주라 할 것이고, 허술하면 믿음이 가지 않는다. 그러므로 피피티와 나의 적당한 균형을 유지하며 아슬아슬한 줄다리기를 이어가야 한다. 다음으로 들어갈 3페이지의 내용은 믿음이다. 평균 이상의 학점 관리와 지금까지 부모님 손을 벌리지 않기 위해 쉬지 않고 아르바이트하며 생활비를 벌었다는 사실을 어필하는 것이다. 간단하게 말하자면 '나 돈 벌면서 성적도 좋았어. 무슨 증명이 더 필요해?' 이런 느낌이다. 여기서 가장 중요한 것은 당당한 몸짓과 뚜렷한 눈빛, 그리고 우렁찬 목소리다.

겁내지 마라. 두려움은 위기의 순간 사라지기 마련이다. 다음으로 4페이지. 여기가 진짜 본론이다. 그냥 백수가 아닌, 이 잔인하고 살벌한 사회생활에 뛰어들기 위한 도약을 철저하게 준비하고 있음을 명백히 알리는, 가장 중요한 페이지다. 약 1년 동안 어떤 활동을 할 것인지 적고 말로 덧붙이면 된다. 너무 많으면 오히려 의심을 사니까 적당히 4~5개 정도 쓰고 실천하면 된다. 고로 내가 쓴 내용은 이렇다.

시집 500권을 읽겠습니다.
제 소설 캐릭터를 소개해 드리겠습니다.
신문 1면에 제 얼굴을 박아 보겠습니다.

필사로 꽉꽉 채운 100권의 공책을 만들어 어머니께 드리겠습니다.

토익 900점의 기적을 보여드리겠습니다.

컴퓨터활용능력 1급 마스터가 되겠습니다.

일단 내 말 먼저 들어달라. 조금만 생각해 보면 충분히 가능한 것들이다. 자랑스러운 문예창작학과 졸업생으로서 당연히 책은 밥을 먹을 때도 잠을 잘 때도, 심지어 화장실도 함께 하는 동반자 아닌가. 시집 500권이야 쉽다. 하루에 1~2권씩만 읽으면 되는 것 아니겠는가. 심지어 시집은 얇은 경우가 많다.

다음으로 소설 캐릭터를 왜 소개하느냐? 소설에서 제일 중요하다고 생각하는 요소를 하나 꼽으라면 나의 경우 인물이다. 잘 짜인 인물은 당장 내 옆에 살아 있다고 해도 이상하지 않다. 그리고 어느 이야기를 넣어도 인물의 성격에 따라 글의 분위기와 전개, 결말이 바뀐다는 점이 흥미롭지 않은가! 소설가가 꿈인 한 사람으로서 소설 캐릭터 소개 하나쯤은 들어가 줘야 한다고 생각한다. 어찌 됐든 3번과 이어지기도 하니까 말이다. 한국 문학을 뒤엎는 천재 작가로 등단해서 신문 1면을 장식하는 것이다. 여기서 포인트는 엄마를 언급해 준다는 말을 같이 덧붙이는 것이다.

4번째 필사 공책에 관해서 이야기해 보겠다. 이것은

세 마리 토끼를 잡는 것이다. 필사하면 문장 실력이 는다. 문장 실력이 늘면 등단이 점점 가까워진다. 동시에 내가 지금 이렇게 열심히 하고 있다는 증거물이 만들어진다. 언뜻 보면 저만큼 할 수 있을까 싶을 수도 있다. 하지만 이것은 내 치밀한 계산에 따른 계획표다. 이미 고등학생 때 실기 준비로 다져진 내 엉덩이와 손은 준비가 끝났다. 다시 한번 그때의 마음과 간절함으로 되돌아갈 생각을 하니 오랜만에 의지가 불타오르는 것만 같다.

다음으로 토익과 컴퓨터활용능력이 왜 들어가는지는 의문을 가지면 안 된다. 먹고 살려면 당연히 해야 한다. 그리고 엄마가 안심할 수 있게 만드는 요소이기도 하다. 언젠가 요긴하게 쓸 수 있는 참한 자격증이라 생각한다.

이제 마지막 페이지를 작성해야 한다. 그 전에 책장을 뒤져 고등학생 시절 받았던 문학상들을 전부 꺼내 들었다. 먼지를 입으로 후후 불며 손끝으로 상장을 쓸어 넘겼다. 이때만 해도 '나는 재능도 좀 있는 것 같고 금방 작가 할 수 있겠는데?' 이런 망상을 하면서 지냈다. 상장을 보면서 지옥 같던 실기도 버틸 수 있었다. 엄마도 상을 받아올 때마다 내 꿈을 더욱 굳건히 믿고 응원해 줬다. 내게도 그런 때가 있었는데……. 추억은 접어두고 이것을 이용하면 된다. 나는 상장을 옆에 두고 마지막 페이지를 채웠다.

〈기억하시나요. 저 상들을 받던 때의 제 모습을.〉

갤러리를 뒤져 문학상을 받는 내 모습을 피피티 안에 넣었다. 아련한 눈빛과 함께 엄마에게 상장을 보여줄 계획이다. 이것이 화룡점정이다.

'그래, 우리 딸이 한다면 하는 애지. 뭐든 잘 해낼 수 있는 아이야. 믿고 기다려 주자.'

엄마가 이렇게 생각한다면 이 계획은 완벽하다. 이제 씻고 옷만 단정히 입으면 된다.

폭풍 샤워를 한 뒤 쿠션을 두들기고 립스틱을 바르자 타이밍 좋게 도어락 여는 소리가 들렸다. 나는 급하게 립스틱 뚜껑을 닫고 옷을 갈아입었다. 옷매무새를 다듬을 틈도 없이 문을 열자 엄마는 가방을 내려놓고 있었다. 나는 엄마를 부르며 힘차게 달려갔다. 마음의 준비나 사전 연습 없이 곧바로 발표하게 됐지만 자신 있었다. 늘 그랬듯 성공할 테니까.

To. 나의 멘티

 그냥 글 쓰는 게 좋아서 문창과에 왔는데, 막상 졸업할 때가 되니 아무것도 할 게 없어서 걱정된다는 거지? 그래서 졸업을 미루고자 휴학하고 싶다는 거고. 이해해. 졸업을 목전에 두고 해외로 떠났던 입장에서 한 마디 해보자면… 그래. 맞아. 나도 그런 마음이었어. 나도 다 놓고 떠났어. 그런데 글이 나를 따라왔고, 쓴 글만 거의 책 한 권이더라.

 졸업하기 전 휴학을 해보는 건 좋은 경험이 될 수 있다고 생각하지만, 확실한 목표가 없다면 추천하진 않아. 확실한 목표란, 새롭게 도전해 볼 일이랄까? 학교에 다니고 공부를 하고 과제를 하고 알바를 하고 가끔 놀기도 하고 이런 것들이 일상이라면, 휴학은 그 일상에서 잠시 탈출하는 거라고 생각하거든. 우리 과가 그렇잖아. 소설이며 시며 에세이며 그림책이며……. 써 내야 할 것은 항상 있고, 과제 마감일은 다가오고 발등은 뜨겁고. 밑 빠진 독에 물 붓기 식으로 비슷한 이야기만 쓰게 되고. 나도 그렇게 살다가 3학년이 된 후에야 다짐했어.

'맨날 같은 일상을 벗어나 진짜 경험을 해보자!'

그때가 휴학을 때릴 마지막 기회였거든.

그냥 왜인지 진짜 마지막 같은 느낌 있잖아. 어른들은 항상 "기회는 다시 온다. 네가 노력하기 마련이다."라고 말하지만 우리 입장은 그게 아닌 거지. 아무튼, 나는 내 일상을 담고 있는 '틀' 자체에서 벗어나 보고 싶었어. 그래서 한국을 떠났어.

내 이야기 한번 들어볼래?

물 건너온 글

"나를 위해 시를 써줄래?"

어학연수를 간 나라에서 외국인 친구에게 들었던 말이다. 참 오글거리는 멘트인데, 외국에서 외국인한테 외국어로 들어서 그런지 그냥 나쁘지 않았다. 표정이 일그러지지도, 의구심이 들지도 않았다. 오히려 로맨틱하다는 느낌까지 받았다. 그와 함께 바닷가에 있는 나무 벤치에 앉았다. 미세먼지 하나 없는 하늘처럼 투명하게 반짝이는 윤슬을 바라보며 '아, 파란 바다라는 게 이런 거구나.'하고 생각했다. 숨을 크게 들이마시며 눈을 감았다. 돗자리를 펴고 앉아 수영복 차림으로 비치 발리볼을 하는 사람들을 구경하며 바다에 붉게 노을이 내려앉을 때까지 누워있고 싶다고 생각했다. 다음에는 코스트코에서 피자도 사고 한국에는 없는 맛의 맥주를 마시면서 피크닉을 해야겠다고. 이런 것이 여유일까.

'아, 참. 시 써야지.'

그가 건넨 핸드폰 메모장을 켜며 그가 했던 말을 곱씹었다. 자기를 위해 시를 써달라……. 한국에서 한국인에게 한국어로 이런 말을 들었다면 어땠을까? 피식하고 웃음이 새어 나왔다. 참, 모든 게 다르구나.

사실 나는 대학교 4학년이 될 때까지도 진로 방향을 정확히 잡지 못하던 상태였다. 도전하고 싶은 것도 이루고 싶은 것도 많던 나는 설날 등 명절에 집안 어른들의 "이제 취업 준비해야겠네.", "어디에 취직할 거니?" 등의 말씀에 "저는 이곳에 취업하려고 합니다!"라고 대답하지 못했다. 하나 확실한 한 가지는 글을 계속 쓸 것이라는 사실이었다. 하지만, 그 말은 항상 씹고 있던 떡국과 함께 목구멍에서 가슴으로 묵직하게 넘어가기만 했다. 소신 발언을 했다가는 나만 귀찮아지기 일쑤였기 때문이다. 좋은 날, 일 년에 몇 번 보지 않는 집안 식구들과 싸우고 싶지는 않았다.

나에게는 새로운 자극이 필요했다. 입시 때부터 대학교 3학년까지 근 4년 동안 한결같은 글을 쓴 나에게 완전히 질려버렸다. 일상에서 벗어난 새로운 경험에 목말랐던 나는 해외를 경험하고야 말겠다는 당찬 포부로 휴학계를 냈다. 이 글만 보면 그냥 갑자기 해외로 도망치듯 날아간 사람처럼 보이는데, 사실 전혀 갑작스러운 결정은 아니었다. 거의 6개월 정도 발품을 팔아 박람회를 다니고 상담을 받으며 정보를 모았다. 오랜만에 내려간 본가에서는 나 혼자 긴장 상태로 가족 외식을 하다 폭탄 발언을 던진 뒤 걱정하시는 부모님을 설득해갔다. 어학연수 준비 과정에서 나는 글과 조금씩 멀어져가기 시작했다.

지금껏 문창과를 다니면서 깨달은 것이 있다. 꾸준함과 경험이 정말 중요하다는 것. 평소에도 이런 생각을 하며 살아서 그런가, '다른 나라'에서 살아야 한다는 것에 딱히 걱정이라 할 것은 없었다. 이 또한 경험일 테니까. 꾸준함은… 잘 모르겠다, 이제. 내가 학교를, 한국을 떠나서 과연 꾸준하게 글을 쓸 수 있을까.

벤치에 함께 앉은 지 15분 정도 지났을까. 다 쓴 시를 그에게 건네주었다. 그는 놀란 표정으로 말했다.

"벌써 다 쓴 거야? 정말 대단한 재능이다. 무언가를 창작해내는 게 너한테는 별거 아니란 거네? 정말 멋지다."

전부 그가 한 말이다. 벌써 다 쓴 거냐는 물음에 대답할 틈도 없이 쏟아지는 감탄사를 들었다. 그가 바라보던 나도 놀란 표정이었을 것이다. 놀랐다기보다는 약간 당황했다는 표현이 더 맞을지도 모르겠다. 진짜 당황했으니까. 약간의 정적 끝에 내가 처음으로 뱉은 말은 "그렇게 빨리 쓴 건 아니야. 더 빨리 쓰는 친구들도 많아. 그리고 이건 짧은 시니까."였다. (널 만난 지 얼마나 됐다고, 쓸 말이 뭐가 그렇게 많겠니.)

약간의 고양감이 차오를 때쯤 뭔가 이상했다.

'분명 다 놓고 날아온 건데, 이곳에 온 지 2주 만에 시를 썼네?'

차올랐던 고양감이 의구심으로 바뀌어 갈 때쯤 그가 웃으며 머리를 가로저었다.

"한국인들은 대체 왜 그래? 내가 보는 한국인들은 모두 똑똑하고 대단한데, 그들은 그걸 몰라. 네가 멋진 재능을 가진 사람이라는 것을 그냥 인정해!"

보는 앞에서 듣기에는 약간 부끄러운 말이었다. 그의 진지한 표정이 웃기기도 했고. 얼마 지나지 않아 기분이 좋아지기는 했지만. 그와 헤어지고 집으로 돌아가며 생각했다. 사실 나는 이제껏 뭔가를 못한다고 생각하며 살아본 적이 없다. 문창과를 가겠다고 다짐했을 때도, 어학연수를 가겠다고 다짐했을 때도 내 선택에 후회는 없었다. 인생에서 가장 후회되는 것이 뭐냐는, 누구나 한 번쯤 받아봤을 질문에 아직도 정말이지 떠오르는 것이 없으니까. 그냥 나는 계속 그렇게 살았는데, 그날 그가 한 말들이 집으로 돌아가는 내내 나를 생각하게 했다.

어학원에 새로운 친구가 들어올 때마다 꼭 묻는 질문들이 있었다. "이름이 뭐야?", "어느 나라 사람이야?", "몇 살이야?", "무슨 전공이야?" 이렇게 글로 보니 마지막 질문이 약간 동떨어져 보일 수 있는데, 친해지는 단계에서는 상대가 어떤 일을 하는 사람인지 궁금할 수 있다. 나 역시 새로운 친구를 만날 때마다 꼭 무슨 전공인지 물어보고 있었다. 무엇을 하는 사람인지 진심으로 궁금했다. 많이 나오는 전공으로는 간호학과, 회계학과, 항공과가 있었다. 나는 정말이지 그들이 참 대단해 보였다.

심지어 나와 어울려 놀던 한 콜롬비아 친구는 수의학과였다. 그 친구의 이름은 데이비드인데, 몇 번의 파티와 피크닉 후에 그가 무슨 전공인지 알게 되었다. 평소 데이비드의 이미지는 그냥 비치 발리볼을 좋아하는 장난꾸러기였기 때문이다. 그래서 더 놀랐던 것 같다.

그런데 더 놀라운 것은 내가 그들의 전공을 알고 난 후의 반응보다 그들이 내 전공을 알고 난 후의 반응이었다. 하나같이 두 눈을 동그랗게 뜨고 진짜냐며 되물었다. 몇몇 친구들은 입을 막으며 놀라기도 했다. 나는 그들의 반응이 처음에는 약간 오버스럽다고 생각했지만, 일주일도 채 지나지 않아 그 반응들을 즐기기 시작했다. 그들 사이에서 문창과는 특별했다. 다니던 어학원은 학생 수가 많아 캠퍼스가 총 3개 정도였는데, 전체 학생 중에 문창과는 나 한 명이라는 사실을 학원 내에서 깐깐하기로 유명한 한 선생님을 통해 알게 되었다.

내가 학원에서 유명해지기 시작한 날이었다.

학원의 시스템은 대충 이러했다. 오전 8시 45분부터 오후 1시까지 문법, 듣기, 읽기, 말하기, 쓰기 수업을 한 후 오후 1시부터 3시 반까지 선택 과목 수업을 했다. 내가 그때 선택했던 과목은 '비즈니스 리딩 & 스피킹'이었다. 스피킹이 가장 재미있었고, 생활영어는 항상 쓰니 좀 더 어려운 영어를 구사하고 싶었다. 담당 선생님 이름은 캐서린으로, 깐깐하고 성적을 제일 야박하게 주기로 유명한 분이었다. 친구들은 캐서린이 무섭고 성적도 잘 안 나올 것 같다며 그 수업을 피했다. 덕분에 나는 경쟁 없이 수월하게 수강 신청을 할 수 있었다.

첫 수업은 '내가 이 학원의 선생님으로 일하게 된다면 어떤 과목을 개설하고 싶으며, 그 이유는 무엇인가?'라는 주제에 대해 10분간 발표하는 것이었다. '10분', 긴 시간이다. 심지어 영어로 10분 발표라, 길다. 캐서린은 준비 시간을 5분밖에 주지 않았다. 수강생이 얼마 없는 과목이었으며 대부분 학생이 5분 언저리에서 발표를 마쳤기에 내 순서는 금방 다가왔다. 잘하고 싶은 마음이 컸다. 드디어 내 차례가 왔고, 나는 최대한 아는 영어를 총동원해 결단코 10분을 채우겠다고 마음먹었다.

"제가 만약 이 학원의 선생님이 된다면, '독서 토론 & 창작 글쓰기' 과목을 만들고 싶습니다. 우선 독서 토론은 오전에 주요과목을 통해 배운 문법과 읽기, 말하기를 활용할 수 있기 때문입니다. 쉬운 단계의 도서를 시작으로 훈련을 하고 레벨이 올라가면 그보다 조금 더 고급영어가 많은 도서를 읽고 분석해 보는 시간을 갖는 것입니다. 서로의 감상도 공유하고요. 그렇게 되면 교과서 이외의 '영어로 된 책'을 읽는 것이기 때문에 학생들의 성취감에도 좋은 영향을 줄 수 있을 것 같습니다. 또한, 이 수업에는 정답이 없기 때문에 큰 부담 없이, 영어를 더욱 깊이 있게 공부할 수 있을 것 같습니다. 창작 글쓰기 역시 잘 가르칠 자신이 있는데요, 그 이유는 제가 한국에서 문예창작과를 공부했기 때문입니다……."

나는 차분하게 발표를 이어갔다. 창작 글쓰기 수업에 대한 설명이 길어질 수밖에 없었다. 내 전공이 문창과여서 어떤 시스템으로 수업을 할지 쉽게 예시를 들어 설명할 수 있었기 때문이다. 대충 내가 들었던 강의 중 기억에 남는 몇 가지를 이야기하고, 대충 내가 경험했던 것들을 말하다 보니 시간이 금방 흘러갔다. 쉬지 않고 말했는데, 지금 생각해 보면 무슨 정신으로 발표

했는지 모를 정도로 떠들었었다. 결과적으로 나는 유일하게 10분을 다 채운 학생이 되었다. 모든 학생이 나를 향해 박수를 보냈다. 그날 수업은 캐서린이 나를 잔뜩 칭찬하며 마무리되었다. 수업이 끝나고 날아갈 것 같은 마음으로 가방을 챙기는데 캐서린이 나를 불렀다.

"글 쓰는 거 좋아하니?"

"음, 글쎄요."

캐서린이 웃었다. 나도 따라 웃었다.

"그럼 자주 쓰기는 하니?"

"아니요." (라고 했지만, 며칠 전 벤치에 앉아 시를 썼다.)

"그럼, 영어를 열심히 배울 생각은 있는 거니?"

"당연하죠."

"혹시라도 학원이 끝난 후에 글을 쓰게 되면 내가 문법이나 표현 등을 봐줄게. 물론 네가 원한다면."

"진짜요? 좋은데요?"

"응, 대신 일주일에 한 번씩. 장르는 뭐든 상관없어. 나 원래 정해진 수업 외에 따로 봐주는 거 안 하는데, 너만 해줄게. 너 운 좋은 거야."

그녀의 거만하면서도 새침한 표정이 나를 더욱 신나게 했다. 어쩐지 글이 계속 나를 따라오는 느낌이 들었지만, 호랑이 선생님에게 인정받은 듯한 성취감이 더 컸다. 내 글이 궁금하다고, 기다려진다고 하는 그녀의 말이 약간 부담스럽기도 했지만, 이 또한 잘해보고 싶었다.

나는 매주 금요일마다 일주일 동안 쓴 글을 모아 메일을 보냈다. 적게는 일주일에 1편, 많게는 5편. 일기나 짧은 에세이 등을 써서 보냈다. 그녀는 간단명료하게 피드백을 해주었다. 한두 문장으로 짧은 감상평도 달아주었다. 나는 내가 자주 틀리는 문법과 자연스러운 단어로 표현하는 법을 배우게 되었다. 격주마다 있는 쓰기 테스트에서도 어느새 25점 만점에 항상 23점 이상을 받고 있었다. 나는 그렇게 친구들이 가장 두려워하는 기피 대상 1호 선생님과 제일 많은 교류를 하는 학생이 되었다.

한 번은 '이별이 내게 남기는 것들'을 제목으로 일기를 쓴 적이 있었다. 그 글을 쓰게 된 날은 내가 어학연수를 하는 동안 가장 많이 울었었다. 이곳에 도착하고 얼마 지나지 않아 알게 된 친구인데, 언제 이렇게 가까워졌는지 모를 정도로 매일 붙어 다니고 같이 놀러 다니던 친구가 있었다. 서로의 인생을 가장 많이 공유하고 앞으로의 목표에 대해 진중하게 고민을 나누던 사이였다. 가장 편하고 친한 나의 첫 외국인 친구였다. 그 친구의 전공은 영어로 좀 길었는데, 한국으로 치면 항해·융합공학계열이었다. 그는 커다란 크루즈에서 장교로 일하는 것이 꿈이라고 했다. 그가 본인의 목표에 관해 이야기할 때마다 두 눈이 반짝이는 것을 느꼈다. 그의 반짝이는 눈은 진로를 고민하던 나에게 좋은 자극제가 되기도 했다.

그러다 어느 날, 까맣게 잊고 지내던 그의 출국일이 코앞으로 다가왔다. 우리는 마지막으로 함께 바닷가에 갔다. 커다란 바위에 걸터앉아 파도가 바위에 부딪치는 소리를 들으며 노래를 틀었다. 수평선 위로 커다란 배가 여러 척 보였다. 컨테이너가 잔뜩 실려있는 선박들. 항상 그 자리에 떠 있었는데, 그날따라 더욱 선명하게 눈에 들어왔다. 우리는 바다 위로 붉게 노을이 깔릴 때까지 앉아 있었다.

"처음에는 저런 배를 봐도 아무 생각이 없었는데, 이제는 배를 볼 때마다 네가 생각날 것 같아."

우리는 같이 울었다. 많이는 아니고 살짝. 눈을 적시는 정도로. 평생 우정을 이어가자느니 자주 연락을 하자느니 등의 대화는 하지 않았다. 함께한 경험들을 추억하고 서로의 꿈을 응원하는 정도였다. 헤어질 때는 나중에 돈 많이 벌어서 서로의 나라로 여행을 가자는 말을 하며 웃었다. 그날은 내 인생에서 잊지 못할 아름다운 기억이 되었다.

그때의 감정들을 절대 잊지 않기 위해 일기를 썼다. 그 주에는 1편의 일기만 썼다. 일주일이 지나고 캐서린에게 예상치 못한 답변을 받았다. 내 글을 학원 복도에 있는 게시판에 붙여놔도 되겠냐는 물음이었다. 어학연수의 특성상 새로운 나라의 친구들이 오고 다시 돌아가는 일이 반복될 수밖에 없고, 항상 만남과 이별의 연속이다. 그녀는 그러한 의미에서 선생님들과 학생들이 내 글을 보면 모두 공감할 것이라고 말했다. 내 대답은 당연히 "오케이."였다.

그렇게 수업 발표에서 시작된 일기 피드백이 이제 여러 사람이 보는 게시판에 붙게 되었다. 대학에서 합평 받았을 때보다 더 많은 수의 사람들이 내 글을 읽게 된 것이다. 게시판에 붙어 있는 내 글을 보며 생각했다.

'네가 나를 또 신나게 하는구나.'

이 모든 것이 우연의 연속이라고 말할 수 있을까. 생각해 보면 이 파란만장한 일들이 가능했던 것은 내가 문창과였기 때문이다. 참 신기하기도 하지. 처음에는 할 것이 없다는 생각에 그것을 찾으러 떠나왔던 건데, 전부 놓고 왔다고 생각했던 글이 나를 따라왔다. 끝까지 끈질기게도 나를 따라와서 또 웃게 했다. 그렇게 써 온 글만 책 한 권이다. 경험만 기대하고 왔는데, 경험도 꾸준함도 전부 이룬 셈이다.

1년의 휴학을 마치고 귀국했을 때, 나는 당당하게 말할 수 있었다. 내 인생에서 가장 빛나는 휴학을 보냈다고.

친애하는 나의 삼촌에게

 당신의 귀한 조카가 오늘, 위대한 학업의 성취를 마치고 급하게 편지를 적습니다. 저희가 마지막으로 본 것이 지난 명절이던가요? 존경하는 존안을 뵌 지 오래된 것 같아 죄송스러운 마음이 가득합니다. 제 사촌 동생은 잘 지내고 있습니까? 요즘도 부쩍 예민한가요. 이제 고등학교 2학년에 올라가니 한창 성질부릴 시기겠네요. 그럼, 거두절미하고 용건을 말씀드리자면…….

 용돈 좀 주세요. 사랑하는 조카가 대학교를 졸업하는데 이 정도 요구는 할 법하잖아요.

 저번에 동생 자소서 쓰는 거 좀 도와주면 용돈 주신다고 해놓고 안 지키셨죠. 이제는 좀 베푸실 때가 됐습니다. 삼촌은 그렇게 야박하신 분이 아니잖아요. 물론 제가 대학교 2학년 올라갈 때까지 제 학과 이름을 헷갈리셨지만. 어느 날에는 네가 국문과던가, 하고 상냥

하게 물어보셨지만. 그다음 명절에도 네가 문예과던가, 하고 끝끝내 틀리셨지만. 바쁘면 그럴 수 있죠. 조카가 올해에 졸업하는 것도 좀 까먹을 수도 있고.

이해해요. 그래서 이렇게 친히 편지를 보내는 것이고요……. 덧붙이자면 당신의 자랑스러운 조카는 이번에 문예창작과, 이른바 문창과라고 하는 곳을 졸업했답니다.

추신. 여담이지만 문예창작과라는 거, 꽤 멋있지 않나요? 고모는 문예창작과 가서 어떻게 밥 얻어먹고 살겠냐고 하셨으나……. (^_^) 덕분에 사촌 동생 자소서도 봐줄 수 있었고 말이죠. 글 쓰는 솜씨라는 게 살면서 은근히 써먹을 때가 많아요. 지금도 그렇고.

네가 어느 과 다닌다고 했었지?
그럼, 우리 애 자소서 좀 봐줘라. a.k.a. 이모 삼촌

"네가 어디 과 갔더라?"
"문창과요."
"그럼 요즘 글 쓰니?"
"네."
"아……."
"……."
"……."

이 쑥스럽고도 어색한 정적을 현명하게 헤쳐나갈 방법은 침묵, 그리고 또 침묵. 오로지 침묵뿐이리라! 여덟 살 먹은 사촌 동생이 태권도를 뽐내며 집안 어른들의 관심을 한데 모았을 때야 비로소 나는 구석진 방에 돌아가서 숨을 돌릴 수 있었다. 그리고 방 한구석에 찌그러져 생각의 늪에 잠기는 것이다. 아까의 그 정적은 과연 무슨 뜻이었나.

문예창작과. 그야말로 낭만이 가득한 꿈의 학과가

아닌가. 흑과 백으로 표현하는 예술의 정점, 그러나 취업이 안 되는. 활자로 자신의 이상을 피워내는 곳, 그러나 취업이 안 되는. 문학의 미를 추구한 자들이 오는 아름다운 책의 학과, 그러나 취업이 안 되는……. 정확히는 그런 인식이 있는 곳. 어쩌겠나. 문학인인 우리는 '예술인'이고, 예로부터 예술을 추구하는 사람들은 밥을 굶는다는 인식이 만연하였던 것을. 밥 굶고 천식 앓아가며 힘겹게 소설을 써 내려가는 시기는 한참 지났음에도 인식이라는 것이 쉬이 사라지지는 않을 듯하다. 일부 사람들에게는 영원히 배고픈 학과로 기억될 곳. 나는 그런 곳에 몸담게 되었다.

  문예창작과, 이른바 문창과가 예술을 추구하고 탐미에 본질을 둔 학과임을 아예 부정할 수는 없다. 무릇 문창인이라면(아닐 수도 있겠지만) 글은 아름다울수록 좋고, 잘 짜인 문장과 얼개를 보며 희열을 느끼기 마련이다. 다만 '문창과가 오직 예술적인 면에서만 활약할 수 있는가?'에 대한 답변은 또 다른 관점의 문제이지 않겠나.

  많은 직장에서는 서류를 작성한다. 그 서류는 무엇으로 이루어져 있지? 글이다. 보고서나 기타 중요한 계약서 등을 쓰고 읽을 때는? 글이다. 하다못해 정적을 만들어냈던 삼촌의 18살 먹은 아들내미가 대학교 가려면 써야 하는 것은? 글, 글, 글이라고. 세상은 이렇게나 온통 글이다. 그런 글을 다루는 문창과가 단지 취업이 안 되는 비운의 학과로만 기억된다니, 너무하지 않은가. 하다못해 자기 아들내미 자소서(정확히는 자소설이지만) 좀 봐달라고 부탁하지나 말던가!

  글은 정보에 지나지 않을 수도 있고, 훌륭한 수단이 되기도 하며, 그 자체로 예술이다. 누군가는 글로 자신이 원하는 정보를 얻으려고 한다. 전공 서적이나 신문, 논문 같은 것들을 읽으며 지식을 축적해 나간다. 또 누군가는 글로 자신을 표현하고자 한다. 눈에 띄는 슬로건 하나, 정갈한 자소서 한 장이 자신의 경력에 미치는 영향을 안다. 그들은 활자 몇 개에 자신을 담아내고, 문장 몇 개로 자신을 꾸며낸다. 그런가 하면 또 누군가는 글로 오롯한 재미를 느끼고자 한다. 그들은 흥미진진한 이야기가 주는 즐거움이 얼마나 큰지 안다. 거짓된 이야기를 보면서 울고 웃는 행위에 구태여 이유를 찾지 않는다. 그저 그 자체의 감동을 즐길 뿐이다. 글은 이렇듯 다양한 형태와 쓸모를 가진다. 우리는 단지 수만 가지 글을 조금이라도 더 잘 쓰고 싶어서 모인, 낭만적인 괴짜들이다.

  그렇다면 문예창작과에서는 정확히 무엇을 했는가. 나의 학교생활은 정말 글과 낭만으로 이루어져 있었나.

문예창작과 학생이란 어떤 이미지인가. 한 손에는 신간 시집, 한 손에는 노트북을 든 문학도들? 도서관 창가 자리에 앉아 턱을 괴고 지는 낙엽 하나에 자신을 투영하는 몽상가들? 단골 카페에서 아인슈페너나 라떼 따위를 홀짝이며 작품을 써 내려가는 작가 지망생들? 그래, 우리는 문학도이자 몽상가이자 작가 지망생이다. 한 문단에서 유사어를 쓰지 않으려고 몸 비틀어가며 사전을 뒤지는 문학도. 과제가 하기 싫어서 저 멀리 상상의 나라로 도피를 시도하는 몽상가. 써둔 글은 쥐뿔도 없으면서 등단 소감부터 미리 생각해 두는 작가 지망생.

내가 소설을 이렇게나 써낼 수 있었다니. 여기서 이런 표현을 생각해 내다니. '찢었다.'라고 자기에게 박수를 보내는 새벽. 새벽에 쓴 글을 다시 읽어보니 조잡하기가 짝이 없어 '찢고 싶다'라고 생각하는 낮. 수많은 학우와 교수님 앞에서 한 줌 보잘것없어지는 내 글을 보며 '찢어야겠다.'라고 생각하는 저녁. 그리고 다시 새벽이 밝아온다.

솔직히 낭만은 잘 모르겠고, 글에 오류와 수정 사항이 낭자하는 매일매일이다. 쓰고 싶은 글을 쓰기 위해 우선 써야 하는 글을 썼다. 이것이 내가 진정으로 원하는 글인가, 아니면 교수님이 원하는 글인가. 지금 쓰고 있는 것은 과연 하나의 작품인가, 단지 과제일 뿐인가.

머리털을 쥐어뜯어 가며 기껏 완성해 낸 글은 왜 이렇게 또 빈약해 보이는지. 이쯤 되면 이따위 글을 남에게 내보일 수 없다는 마지막 자존심이 고개를 치켜든다. 그러나 과제 제출 기한은 이미 코앞에 닥쳐있다. 떨리는 손으로 업로드 버튼을 누르고야 만다. 어디에 내놔도 부끄러운 내 자식, 나의 글. 쓰린 가슴에 손을 얹고 어머니의 마음을 잠시나마 이해해 보는 시간을 가지기도 한다.

내가 바라는 문창과에서의 삶은 진정으로 이런 것이었나. 글로써 영혼의 정수를 채우러 왔으나, 글로 영혼까지 탈탈 털리고서는 잠시 회의감에 빠지기도 한다. 나는 왜 문창과에 왔나, 하는 근본적인 물음에까지 도달하게 된다. 문학이 영혼을 적셔준다는 말은 다 거짓말이다. 슬픔에 축축해진 영혼까지 모조리 짜내서 써내야 하는 게 문학인 것을. 손안에 남은 것은 어찌저찌 써낸 글과 퍼석해진 영혼뿐이다.

문창과의 7대 죄악에 대해 알고 있는가? 잘 쓴 글을 보면서 '나도 저 정도는 노력하면 쓸 수 있지.'라고 생각하는 교만. 이번 달에 나온 신간은 닥치는 대로 사고 싶어지는 탐욕. 글이 잘 써지지 않는다는 핑계로 온종일 침대에서 일어날 생각을 하지 않는 나태. 글을 쓰려면 충분한 에너지가 필요하다고 자기를 설득하여 밤늦게 배달 앱을 켜는 식탐. 자극적이고 섹슈얼한 장면을 소설에 자연스레 담아내 보려 낑낑거리는 색욕. 같은 나이임에도 나와는 차원이 다른 글을 써내는 학우를 보며 치솟는 질투. 마지막으로, 내 글이 너무 형편없는 것에 대한 분노. 분명 글을 사랑해서 문창과에 왔건만, 마음 놓고 글을 사랑할 수만은 없는 아이러니에 놓이게 된다.

예술에 완성형이라는 것이 어디에 있겠나. 그냥 될 때까지 두드리는 것이다. 단어를 더 나은 것으로 바꾼다. 묘사를 고민한다. 띄어쓰기가 잘못된 곳을 찾아낸다. 잠시 자신의 한계를 실감한다. 다시 사전을 펼친다. 조사를 자연스럽게 바꿔본다. 쓸모없는 문장을 덜어낸다. 이제는 그만두고 싶다고 생각한다. 글의 초반 부분을 소리 내서 읽어본다. 안 보이던 오타 하나를 잡아낸다. 등장인물의 대사를 자연스럽게 수정한다. 문득 이 글을 휴지통에 넣고 싶다는 충동을 느낀다……. 마른세수하고, 다시 글을 읽어 내려간다. 창작의 고통이라는 말이 있다. 나는 그 말을 조금 수정할 필요가 있다고 생각한다.

창작'은' 고통이다. Creation is pain. OK?

다만 멈출 수 없는 까닭은 걷기 시작했기 때문이렷다. 강의와 과제에 정신없이 떠내려가는 세월을 보내다 우뚝 돌아보게 되는 순간이 있다. 사랑하는 작품들로 빼곡해진 책장과 노트북 속에 수북이 쌓인 한글 파일들을 보며 내가 이만큼이나 무언가를 해냈구나, 하고 새삼스레 깨닫기도 한다. 내가 써온 것들이 비록 세상에 내보이기도 부끄러운 작품일지라도. 자세히 들여다보면 조금씩 나아지고 있는 것이 보여 신기할 따름이다. 그렇게 조금씩 나아가고 있다고 믿고 다시 글을 쓴다. 늘 해오던 것처럼.

글이라는 것이 쓰기 싫다고 안 쓸 수 있는 것은 아니지 않은가. 하다못해 SNS를 하려고 해도 우선 써야 하는 게 글인 것을.

문창과에서 구르고 구르다 보면 조금이나마 글의 체계가 잡힌다. 간단한 맞춤법이나 띄어쓰기 같은 요소에서 마이너스가 될 일은 없다는 말이다. 고개를 들어 되, 돼를 틀리는 사람들을 보라. 또 사흘을 4일이라 주장하는 이들을 보라. 그리고, 금일을 금요일로 알고 있는……. 말하자면 끝도 없어지니 여기까지만 하겠다.

지금은 유튜브의 시대와 정보화의 시대. 독해력이 낮아지다 못해 땅으로 꺼져버린 현실을 보라. 이러한 시대에 진정으로 '스마트'하다고 말할 수 있는 인재는 필시 글을 써온 사람들일 것이다. 글을 쓰는 사람들을 무시하기에는 너무나도 글이 많이 쓰이고 있지 않나. 아까 말했듯 어느 직종이든 글을 쓰지 않는 곳이 더 드물지 않은가. 설사 글을 쓰지 않더라도 일하면서 말은 할 것 아닌가. 단어를 다른 사람보다 곱절은 더 많이 알고, 또 그것을 활용할 수 있는 건 분명한 강점이자 능력이다. 그러니 조금만 더 가슴을 펴보려 한다.

 여기는 문창과, 나는 문창과에 다녔다.
 누가 뭐라 한들 당당하게 말할 생각이다. 취업률이니 뭐니 운운하는 잔소리보다 와닿는 것은 글을 사랑했던 나의 감각이다. 사실 어느 학과에 가나 취업을 하지 못하는 학생들은 있기 마련 아닌가. 문창이 지금까지 취업면에서 아주 조오금 부진했을 뿐이지, 문창과에 나왔다는 이유로 측은한 눈빛을 받는 명절은 이쯤이면 되었다. 이모 삼촌 어른들 중 지금까지 한 번도 맞춤법을 틀린 적 없는 무결한 인간께서만 내게 돌을 던져주시길! 그리고 당신의 자제분 앞날부터 걱정하기를 부탁드린다. 나는 내게 주어진 것을 쥔 채, 내가 사랑하며 탐구해 마지않았던 모든 기억을 가지고 힘껏 사회로 뛰어들 것이니. (그런데도 응원하는 마음을 전하고 싶다면, 역시 조금의 $성의$만 보여주시는 편이 좋겠다.)
 혹 치킨집을 차린다고 해도 뭐 어떤가. 무릎을 '탁' 칠만한 치킨집 이름을 짓고, 기가 막히는 홍보 문구라도 적으면 될 것이 아닌지. 중요한 건 문학을 사랑했던 기억과 손끝에 남은 감각이다. 창작이 고통스럽고 괴로웠다고는 하지만. 그 끝에 나온 것이 작품인지 무엇인지도 모를 무언가이기는 하지만. 그걸 봐줄 만하게 뜯어고치느라 꼴딱 세운 밤이 손으로 꼽지 못할 정도이긴 하지만. 나는 그 모든 순간에 의미가 있었다고 말하고 싶다.

정말 글을 사랑했기 때문에 해낼 수 있었다고, 이 마음을 잊지 않을 것이라고 쓰면 너무 신파적일까? 그렇지만 사실이다. 글을 사랑하지 않았다면 뭐하러 굳이 문창과라는 특수한 곳에 흘러들어왔겠는가. 나는 글을 사랑해서 문창과에 들어왔다.

내가 문창과라니. 이렇게 자랑스러울 데가 다 있나.

5부

축하

고운정, 손장미

틈에게

너는 갑자기 달려와 박히지. 눈치 못 챌 만큼 빨라서 온 줄도 몰랐어. 그래, 오는 길은 어땠니? 쓸만한 이야기들을 모아 왔다면 좋으련만. 너와 함께한 하루들은 쏜살같이 지나가. 그래서 네가 내 옆에 머무르는 시간이 길수록 불안하곤 했어. 한 줄도 못 쓰게 만들 정도로 수다스러운 면이 있으니까. 게다가 재미있으니까. 종종 지갑을 다 털어갈 만한 오락거리들을 데려오니까. 떼어낼 수가 없더라.

앞으로는 그냥 환영하기로 했어. 예전처럼 두려워만 하진 않을 거야. 너와 함께하는 시간이 나쁘다고 여기는 건 결국 나의 판단이니까. 그래도 하루에 한두 시간 정도 끄적이는 건 좀 봐주면 안 되겠냐? 이 정도는 양보해 주라.

틈을 잇는 [쓰고 싶다]

문예창작학과의 이미지를 사람으로 나타내면 어떨지 상상했다. 가방에는 노트북과 시와 소설이 준비되어 있다. 볕 좋은 봄날에 공원에 앉아 책을 보는 게 취미고, 종종 시적인 인사말을 건넬 수도 있다.

"싱그러운 오후네요. 당신에게 눈부신 하루가 되길 바랍니다."

판타지 속 유니콘만큼이나 이렇게 여유 넘치는 문창과 학생은 흔하지 않다. 실제 학생들은 늘 문장과 치열한 전투를 벌인다. 부드러운 인사말 대신 한풀이가 늘어가는 이유다. 고전과 현대 문학을 넘나들며 어떤 글을 써야 할지 머리를 싸매기에 늘 눈가에는 다크서클을 단 채로 지낸다. 밤새 쓴 습작이 합평을 받는 것은 신나지만, 원고를 갈아엎어야 한다고 느끼면 정신이 아득해진다. 이 전장을 함께하는 전우들은 비슷한 사람이 하나도 없다. 모두가 개성 넘치고 각자가 품고 있는 세상을 아낌없이 드러낸다. 너무나 새롭고 다채로운 세상을 눈에 담아 가며 내 안의 나도 조금씩 넓어진다. 혹독한 만큼 글을 통해 세상과 나를 알아갈 수 있다. 문예창작학과는 그런 매력을 가진 곳이다.

글과 동고동락하다 보면 재미있는 상황을 만난다. 모든 것이 글의 소재로 보이는 일이다. 음식을 먹다가도 문득 생각한다.

'내가 먹고 있는 이 행동을 묘사로 풀어내면 어떨까. 미각을 나타내는 표현이 뭐가 있지.'

오랜만에 영화관에 가서도 자연스럽게 의식의 손길이 뻗는다.

'와! 액션이 최고네. 이 장면을 어떻게 글로 쓸 수 있을까.'

마감 날짜가 다가오면 이런 생각은 부쩍 심해진다. 언젠가 친하게 지내는 문창과 친구가 불면증 때문에 밤마다 힘들다고 하소연을 했다. 나의 시 창작 과제 마감 날짜가 하루 앞으로 다가왔을 때였다. 결과물이 없어서 다급했던 찰나, 친구의 말을 듣고 밤마다 누군가 잠을 훔쳐 가는 장면이 떠올랐다. 핸드폰의 노트 앱을 켜서 떠오르는 묘사를 짧게 메모했다. 그날 저녁, 집으로 돌아가 〈잠도둑〉이라는 제목의 시를 썼다. 이런 영감은 언제 어디서 나타날지 모른다. 그래서 아이디어가 뇌리를 스치는 순간 기록하려고 노력한다. 만일 문창과 친구가 주변에 있다면 갑자기 주머니에서 수첩을 꺼내는 모습을 볼 수도 있다. 그때는 잠시 뒤로 물러나 주면 된다. 그 학생에게 영감이 온 모양이니, 그 불타는 희열을 지켜봐 주시길.

문학을 향한 열정은 나를 움직이는 동력이었다. 열심히 습작을 다듬어서 졸업 전에 등단하겠다는 포부를 가졌을 정도였다. 수업 시간에 눈을 빛내며 교수님의 말씀에 집중했다. 글을 쓸 수 있는 환경이 주어졌다는 사실만으로 행복했다. 세상을 다 가진 것만 같았고 그 정도면 족하다고 생각했다.

문제는 글을 대하는 것이 예전처럼 마냥 즐겁지 않다는 점이었다. 책에 푹 빠져서 몇 시간이고 읽을 수 있는 것은 직접 글을 쓰지 않았을 때였다. 책을 보면 작가의 문체가 보이고 글을 어떻게 설계했을지 그려보게 된다. 단편을 분석하며 소재를 얻거나 쓰는 방식을 참고하는 것은 좋은 습관이다. 하지만 나의 경우 이야기를 좋아하는 순수한 마음이 사라지고 비판적인 시선만 남아버렸다. 설레는 마음으로 좋아하는 작가의 책을 집어도 어느 순간 페이지가 안 넘어간다. 십 페이지 정도 읽고는 관자놀이를 문지르다 책장을 덮는다. 나는 이 지독한 증상을 '완벽쓰기주의'라고 부른다. 글을 잘 쓰고 싶다는 마음에서 생기는 증상이다. 이것은 가끔 내 습작들이 '구려' 보일 때 나타난다. 어떻게 써도 문장이 투박하고 정갈하지 않은 데다 중구난방인 것 같다. 좋은 글을 봐도 감동하지 못하고, 내 글과 비교하며 착잡한 마음이 드는 것은 덤이다.

나는 증상에서 멀리 도망쳤다. 이야기를 모은다는 핑계를 대며 밖을 나돌아다녔다. 그럴수록 문장과 함께하는 시간은 점점 짧아졌다. 책상에 앉는다. 노트북을 켠다. 한글을 연다. 간단한 이 문장의 틈을 벌려놓고, 그 자리에 한눈팔 대체재를 끼우기는 아주 쉽다. 특히 유튜브에 들어가면 그 거리는 배로 늘어난다. 신나는 숏츠에 빠졌지만 한 줄도 못 쓴 채 오후의 절반이 사라지는 경우가 허다했다. 게다가 졸업시즌이 다가오니 진로에 대한 고민이 발목을 잡았다. 학교를 더 다니며 문장 연습을 해 볼지, 취업해 볼지, 문학과 관련이 없는 다른 직업을 모색해 볼지. 고민이 불안감을 일으켰고 뜬눈으로 새벽을 맞이했다. 이 과정을 지속할수록 주의가 산만해지고 글에 집중하지 못했다.

이 악순환은 엄청난 반향으로 변했다. 잦은 지각과 결석으로 학점 관리가 안 돼서 기숙사에서 쫓겨났다. 엄한 편이셨던 아빠에게는 알리지 못했고 엄마에게만 더듬대며 말했다. 수화기 너머 몇 초의 정적으로 엄마가 작지 않은 충격을 받았다는 걸 알았다. 극구 반대했던 문창과를 기어코 들어가겠다고 해서 놔두었더니 이뤄낸 것이 에프(F)라니. 아빠는 빗자루를 들고 나를 환영할 것이 분명했다. 암만 생각해 봐도 점잖이 이 사태를 설명해 낼 엄두가 안 났다. 당시 알바로 모아놓은 돈이 있었다. 나는 본가로 향하는 버스 승차권을 끊는 대신 최소한의 생필품만 들고 고시원에 들어가기로 했다.

아껴둔 돈으로 보증금은 마련했지만, 월세는 벌어서 내야 했다. 정해진 메뉴들이 나오던 기숙사 밥이 익숙했던 터라 당장 내일 뭐 먹을지 고민하는 일은 충격적으로 다가왔다. 처음 입주한 고시원도 마찬가지였다. 짐을 들이기 전에는 몰랐는데 사람 두 명이 서면 꽉 찰 정도로 좁은 방이었다. 창문은 B4 용지 크기였고 외풍이 들었다. 보일러를 틀어도 방안의 짙은 한기가 가시지 않았다.

고시원 생활이 재미있기도 했지만, 최대한 긍정 회로를 돌려야 할 때도 있었다. 씻을 때가 유독 그랬다. 내가 지내던 곳은 방에 욕실이 있는 구조라 욕실과 침대의 거리가 한 뼘 남짓이었다. 욕실 문은 있었지만 잘 닫히지 않아서 자칫 방심하면 물이 범람해 방바닥을 적셨다. 머리를 털며 문을 열 때 이불보에 물이 묻지는 않았는지 살피는 것이 습관이 되었다. 환기가 안 돼서 한겨울인데도 습기가 찼고, 겨울옷 사이로 스민 곰팡내는 쉽게 빠지지 않았다.

　냉장고에서 나는 시큼한 냄새도 고역이었다. 그래도 혼자 꿋꿋이 지내는 모습이 기특하다며 어머니께서 정성스럽게 보내준 김치가 있었다. 든든한 마음으로 냉장고 안쪽에 넣어두었는데 한 달 사이 폭삭 익었다. 새것인 줄 알았던 미니 냉장고의 고무 패킹이 금세 헐거워져 있었다. 세게 닫아야 겨우 문이 잠겼던 것이 이제는 아무리 닫아도 새끼손가락 정도 폭의 틈이 생겼다. 사장에게 고쳐줄 수 있는지 문의하려고 해 봤지만, 일부러 관리비가 안 나가는 곳으로 왔는데 요청을 하면 사장이 수리 비용을 물라고 할까 봐 겁이 났다. 전자기기라 값이 어떻게 측정될지도 예상이 가지 않았다.

　빠른 이사를 위해 저축하고 있던 터라 지출은 최대한 피하는 것이 좋았다. 한파가 왔던 시기였고, 방안은 무척 추웠기에 음식이 상할 걱정은 없었다. 냄새도 며칠 지내다 보면 코가 둔해져서 괜찮으리라 여겼지만 오산이었다. 곰팡내와 발효 향의 조합은 아주 강력했다. 기상 때마다 내 후각이 아직도 마비되지 않았다는 것이 신기할 정도였다.

　인터넷 쇼핑몰에서 냉장고에 설치할 도어락이 있는지 찾아봤다. 스크롤을 내리자 만 원 이상의 상품들이 즐비했다. 눈 딱 감고 결제하기에는 사치였다. 야식 먹으러 편의점에 가면 달달한 빵을 먹을지, 아껴서 열다섯 개짜리 달걀 묶음을 살지 고민하는 형편이었다. 하지만 기약 없는 악취는 참을 수 없었기에 임시 방책을 고안했다. 냉장고 벽면과 문에 나무젓가락을 대고 테이프로 고정한 뒤, 고무줄을 젓가락 사이에 끼워 임시 도어락을 만들었다. 악취가 사그라든 것 같았지만 밤 동안 테이프가 뜯어져 틈이 벌어졌다. 결국, 기상과 함께 또 발효 향을 맡았다. 처음에는 새로운 경험이라며 즐기려고 했다. 시간이 지나며 여행자 마인드가 서서히 깨졌고, 두 달이 지나자 우울감이 솟아나기 시작했다. 쌀을 꺼내려다 공용 주방에 있는 공짜 라면을 뜯는 날이 많아졌다. 다음날 속이 부대껴 컨디션이 나빠지는 것은 둘째고, 당장 기분이라도 해결되면 좋겠다고 생각했다.

알바가 끝난 뒤 지하철에서 궁핍했던 예술가를 떠올렸다. 이중섭 화가는 종이 살 돈이 없어 일본에 있는 자신의 아이들을 껌 포장지에 그렸다. 그는 가족과 만나지 못하고 영양실조로 세상을 떠났다. 자기 귀를 자른 고흐도 있었다. 룸메이트와 생활 방식이 안 맞아 크게 싸운 탓이었다. 하지만 비틀어서 보면, 도를 넘는 음주 대신 외풍 없는 방과 질 좋은 고기반찬이 있는 삼시 세끼 식단이 그에게 주어졌다면 선택이 달랐을 수도 있었다. 아무래도 내 삶의 긍정성을 확보해 내기 위해 어느 정도 의식주가 지켜져야 할 듯싶었다. 그러니 내가 집중해야 하는 것은 소설이 아니라 좀 더 나은 생계를 제공할 안정적인 직장이 아닐까.

고단한 상념에서 벗어나기 위해 주위를 보았다. 지하철 천장 부근 디지털 옥외 간판이 눈에 띄었다. 곧 넷플릭스에서 방영될 SF 드라마 예고편이 나왔다. 좋아했던 웹툰이 원작이라 방영 예정일을 기다린 작품이었다.

'시나리오로 바꿀 때 어떤 장면을 추가했을까. 독특한 인물과 배경이 매력인데 어떻게 영상으로 살려냈을까.'

그중 가장 내 가슴을 뛰게 하던 생각이 불쑥 떠올랐다.

'나도 언젠가 이런 멋진 이야기를 [쓰고 싶다].'

입시 때는 너무도 자연스럽고 당연한 생각이었다. 문창과에 들어가고 차츰 사라지던 느낌이 유독 생경하게 다가왔다. 그날 뒤로 알바를 하면서, 퇴근 후 드라마를 보면서, 딱딱한 침대에서 알람에 눈을 떴을 때도 [쓰고 싶다]는 불쑥 나타났다.

본격적으로 다시 노트북을 편 것은 올해 3월, 기숙사에 들어갔을 때였다. 아직 남은 학점을 이수해야 하는 재학생 신분이었기에 나는 기숙사 모집 대상자에 해당

했다. 일말의 희망을 안고 1월 모집 공고가 올라온 즉시 지원서를 넣었다. 손꼽아 결과를 기다렸고 얼마 안 가 합격 통보를 받았다. 이사를 도와주겠다는 엄마에게는 살림을 늘어놓지 않아 혼자 할 수 있다며 너스레를 떨었는데, 하다 보니 후회가 몰려왔다. 이 좁은 방에 짐이 얼마나 나오겠나 싶었다. 하지만 모아놓고 보니 중형 트렁크 크기의 짐이 열 개가 넘었다. 책들로 꾸역꾸역 방의 반절을 차지하던 책상을 채워놨던 것을 조금 후회했다. 습작 파일들까지 합하니 가방 무게가 상당했다. 짐을 두 개씩 양어깨에 이고 천하장사의 기염을 토하며 날랐다. 땀에 젖고 먼지들에 꾀죄죄해진 채로 하루 만에 입주를 마쳤다.

다음 날, 베란다 창으로 들어오는 아침 햇살을 맞으며 눈을 떴다. 이제 그것은 건물 사이를 헤집고 들어오던, 푸른 기가 도는 빛이 아니었다. 한기와 습기를 덮을 수 없던 빛이 아니었다. 따뜻한 빛이었다. 한없이 안온한 기분이 몰려왔다. 이불을 말아 쥐며 다짐했다. 쓰는 정신을 만들 필요가 있다고. 무슨 일이 있어도 [쓰고 싶다]를 활자로 꺼내야 한다고 말이다. 게으름은 쉽사리 떨어지지 않았기에 쓰는 습관부터 잡아야 했다. 한 달 동안 매일 책상에 한 시간이라도 앉아있기가 목표였다. 몇 번이고 글과 멀어지려는 나와 싸우는 시간들이었다.

다시 글과 나 사이를 벌려놓는 문제들이 생길 수 있을 것이다. 하지만 내 안에 [쓰고 싶다]가 여전히 있다면 결국 펜은 다시 잡게 되어있다. 품고 있던 인물들이 세상 밖으로 나오기만 하면 되니까. 오래 걸리더라도 틈은 마냥 비어있는 게 아니다. 글과 나를 이어주는 하나의 원료가 될 수도 있다. 그 공백에서 보석 같은 이야기를 모았다면 더 기발한 글을 쓸 수 있을지도 모른다.

고시원 생활이 마냥 힘든 기억으로 남지 않은 이유이기도 하다. 축축하고 애썼던 시간 덕분에 이 에세이를 쓸 소재를 얻어냈으니 말이다. 오히려 내가 머물렀던 그곳을 온전히 담아내도록 더 면밀히 관찰하고 기록했다면 좋았을 것이라고 아까워하는 마음이 더 크다. 왠지 쓸 준비가 안 된 것 같은 날에도 되는대로 적어보려 한다. 무언가 최악이라 여겨지더라도, 글을 쓰는 사람에게는 이야기의 양념이 될지도 모른다는 것을 알게 되었으니 말이다.

양말[1]에게

양말아, 안녕. 잘 지내니?

너를 빼놓곤 대학 생활을 이야기할 수 없겠더라. 여섯 번의 계절을 보내면서 궂은 날씨면 너의 안부를 생각하게 됐어. 너는 나무에 올라가 구경하는 걸 좋아했는데. 웅크린 모습은 꼭 누군가 나무 위에 폭신한 턱시도 무늬의 니트를 개어놓은 것처럼 보였어. 내가 그 모습을 보고 방해하지 않고 있으면, 순찰 중이던 멜론색의 두 눈동자가 나를 향하는 때가 와. 모든 걸 꿰뚫고 있지만 나를 처음 보는 듯한 얼굴로.

그때 내 입은 발화해. 보드라운 털과도 잘 어울리는 말, 쉬운 어감 때문에 자꾸만 부르고 싶어지는 말을.

"양말아."

---

[1] 내가 처음으로 친해진 길고양이. 학교 근처에서 만났다. 턱시도 무늬의 털옷을 예의 있게 차려입고 있다. 여섯 번의 계절을 보내던 어느 날, 주변 급식소가 없어지면서 다른 고양이들과 흔적도 없이 사라졌다.

그러면 너는 빠른 도착을 위해 몸에 흙을 묻히는 건 상관없다는 듯이 재빠르게 내 옆으로 와. 물음표처럼 길게 만 꼬리를 세우고 내 옷에 머리나 몸을 비비고 내 주위를 정신없이 통과해. 가끔은 너무 좋다는 의미로 꼬리를 부르르 떨기도 해. 나는 윤기 잃은 털에 천천히 손을 가져가 가만가만 쓰다듬어. 고생 많았다는 듯이. 너는 아는지 모르는지 대답 대신 골골송을 들려줘.

너는 사람의 손길을 무척 시원해했는데, 꼭 헤어질 때가 되면 내 손을 무는 시늉을 했어. 자국도 남지 않도록 아주 약하게. 그러고 나서는 '됐어, 이젠 갈 길 가 봐.'라는 무심한 얼굴로 뒤로 돌아 흐트러진 털을 핥으며 새로 몸단장을 하는 거야. 그때엔 작별 인사를 해도 딴청을 부리며 나를 봐주지 않아. 그러다가도 내가 골목을 완전히 빠져나갈 때쯤 뒤를 돌면 너는 저 멀리에서 나를 향해 빤히 시선을 두고 있어.

나는 알지. 그게 처음에 몇 번 나를 완전히 따라가려다 나의 난처한 반응을 보고 난 다음부터 생긴 버릇이라는 걸. 그럼 나는 그 눈이 자꾸 밟혀서 다음날이면 눈이 떠지는 대로 밥을 챙겼어. 그게 내가 할 수 있는 일이었어. 가끔 꿈에 최악이 나오는데, 얼마 전엔 새빨간 눈을 한 네가 나왔어. 원래 나는 빨간 눈을 무서워하는데, 그런 너를 보고선 제일 먼저 상처가 보이지 않아 다행이다 싶었어. 반가웠어.

새로운 곳은 어때, 지낼 만해? 어디에 도착했든, 궂은날에 누군가를 기다리는 얼굴로 비나 눈을 다 맞고 있지 말고, 숨숨집으로 잘 피해야 해. 한 생에 개입할 여건도, 용기도 없어서 미안해. 나에게 너의 존재는 늘 '있음'이야. 어디서든 오래 존재해주기를 바랄게.

고래가 보고 싶거든

그림책 「고래가 보고 싶거든」[1]은 고래를 만나러 여정을 떠난 아이의 이야기를 담고 있다. 책에 쓰인 텍스트는 어쩌면 아이가 떠나오기 전 들었을 말들을 보여주고 있다. 고래를 보려면 필요한 것들, 해서는 안 되는 것들이 책 전반에 걸쳐 이어진다. 그림 속 아이는 그 조언을 듣기도 듣지 않기도 한다. 책은 마지막 페이지에 이르러서야 바다로 떠난 아이가 배 위에서 수면 위로 드러낸 고래의 입을 보는 것으로 끝이 난다. 이는 무엇을 의미하는 걸까.

지난겨울 계절학기로 들었던 그림책 강독 수업에선 각자가 소개하고픈 그림책을 찾아보고 발표하는 시간을 가졌었다. 나는 내가 받은 '성장'이란 주제를 찾아보다가 이 책을 알게 되었는데 처음 책 표지 상단에 적힌 문구가 눈길을 끌었다. 간절히 기다리는 이에게만

---

[1] 줄리 폴리아노, 「고래가 보고 싶거든」, 에린 E. 스테드 그림, 김경연 옮김, 문학동네, 2016

들리는 대답. 간절히 소망하면 이루어진다는 걸 이야기 하려는 건가 싶었다. 책을 읽고 발표를 준비하며 이 책이 과정에 관한 내용이라는 걸 알게 되었다. 과연 아이는 입만 보고서 그게 고래인지 알아볼 수 있을까. 나는 중간에 '고래인지 아닌지 생각할 시간'이 필요하다고 말해주는 부분이 있으므로, 아이가 그 과정을 잘 거쳤다면 알아보았을 것이라 막연히 생각했다. 좋은 과정이 있었다면 응당히 좋은 결과로 이어질 테니. 그렇게 발표날이 다가왔다.

'발표자님은 아이가 고래를 알아보았을 거라고 생각하시나요?'

발표 후 가졌던 질의응답 시간에 위와 같은 질문이 들어왔다. 나는 내가 생각했던 대로 대답했다. 그런데 막상 현장에서 질문을 받고 답을 하자, 무언가 개운치 않은 느낌이었다. 은연중에 모두의 감상이 비슷한 느낌이겠거니 했었는지, 뒤늦게 정말 그럴까 하는 의문이 생겼다. 너무 낙관적인 태도로만 말을 했나 싶은 생각도 들었다. 이후 몇 차례 질의응답이 오갔을 때, 여러 의견에 더해 교수님께서도 생각을 이야기해주셨다. 어쩌면 마지막에 알아봤는지는 중요치 않을지 모른다고. 책 중간에 아이는 고래를 만난 적 없이도 고래의 모양의 구름을 정확히 떠올릴 수 있었다고. 이미 과정 자체로서 의미가 있는 것이라는 말이었다. 본래 작가가 생각했던 의도가 어땠을지는 모르겠다. 하지만 작가의 손을 떠난 글은 더이상 작가만의 것이 아니며, 작가의 의도는 해석을 풍성하게 해주는 것이기에 나는 이 해석에 마음이 쏠렸다. 그리곤 졸업까지 한 학기를 남겨두고 들었던 나의 고민과도 맞물렸기에, 지금처럼 기억에 남는 에피소드가 되었다.

*

23살 이전까지 나는 독서 이력이 거의 없다시피 했다. 상황적 여건들과 맞물려 이른 사회 경험이 더 중요하게 생각되었기에, 학력도 자격증도 필요치 않았던 아르바이트와 판매직을 전전하며 지냈던 시기가 있었다. 이름하여 코트가 없던 시기. 당시 나는 머리부터 발끝까지 직원 할인가로 산 츄리닝과 운동화를 신고 있었다. 한겨울에는 여기에 패딩만 더해진 것이 전부였다. 일을 시작하고 얼마 안 되었을 때, 근무복과 출퇴근 복장을 구분했다. 그러나 이런 행동들은 동료들에게 내가 퇴근 후 코트를 입고 갈 자리가 따로 있는 것처럼 비추어졌다. 또 출근 즉시 까대기와 판매를 시작해야 했기에, 매장 마감 시간에 맞춰 할 일들이 있었기에 복장을 구분 짓는 건 점점 의미 없는 일이 되었다. 시간이 지나면서 나는 주변 환경에 곧잘 적응하게 되었다. 판매직은 스케줄 근무였기에, 당시 나를 제외하곤 대학생이었던 친구들과 시간을 맞추기도 애매했다. 그래서 언젠가부터는 자연히 코트를 입고 가야 할 자리도 피하게 되었다. 그러면서 한편으로는, 앞으로도 계속 코트가 없을 내 삶에 대해 생각했다. 일했던 매장들은 대학가와 학원가에 있었기에, 비슷한 나이대의 학생들을 보이면 더 그런 생각이 들었다. 그러나 결국은 그 누구도 아닌 내가 한 선택이었고, 친구들은 이제 졸업을 앞둔 나이였기에. 이미 돌이킬 수 없는 일인 것만 같았다. 오늘, 일주일 전, 한 달 전, 일 년 전이 모두 비슷비슷한 날들의 연속이었다. 인상적인 기억이 없었다. 특히나 기쁜 일로는.

그러던 어느 날이었다. 하루 한 시간 반이 훌쩍 넘는 출퇴근 길. 지하철에서 책을 읽고 있는 사람들이 눈에 들어왔다. 공간을 메운 분주함 속에서 여유와 안정감이 느껴졌다. 그 모습을 보는데 괜스레 식은땀이 났다. 뭐라도 해야 할 것만 같았다. 나도 저 사람들처럼 책을 읽어볼까 하는 생각이 들었다. 검색으론 도서관 집에서 멀리 떨어져 있었다. 온라인 서점을 열었다. 세상에 책이 이렇게도 많았나 싶었다. 무슨 책부터 읽어야 좋을지 몰랐다. 그러나 곧 눈에 들어온 책들이 있었다. 몇몇 정보들도 알게 되었다. 서울시에는 지하철역에서 예약한 책을 받아보고 반납하는 U 도서관 서비스가 있다는 것. 그리고 그게 다가 아니었다. 세상에는 유료이든 무료이든 전자책과 오디오북이 생각보다 잘 발달 되어 있었다. 그때부터 내 시간은 독서기록으로 점들이 찍혀졌다. 유행하던 자기계발서보다는 문학, 특히 세계문학전집에 가장 눈길이 갔다. 그때 만난 게 셜록 홈즈 전집, 애거서 크리스티 전집. 헤밍웨이, 헤르만 헤세, 알베르 카뮈, 조지 오웰, 제인 오스틴, 브론테 자매, 나쓰메 소세키, 톨스토이, 밀란 쿤데라, 피츠 제럴드, 괴테, 마크 트웨인, 루시 모드 몽고메리, 진 웹스터, 찰스 디킨스. 그리고 최은영, 김애란, 김중혁, 한강, 김영하, 김소연 등의 한국 작가들의 책이었다. 너무 재미있는 책들은 번역본마다 같은 대목이라도 말맛이 달라서 같은 책을 출판사 별로 읽기도 했다. 장편 소설들도 출퇴근길과 자투리 시간에 읽다 보면 금방 읽을 수 있었다. 특히나 오디오북으로 듣는 추리소설과 연애 소설들은 고전이더라도 성우들의 연기의 몰입감 때문인지 귀로 드라마를 듣는 것 같아 끝을 향해 갈수록 아쉬움이 들었다. 장편 소설을 완독했을 땐 긴 시간을 책 속 인물과 같이 살아낸 것 같은 느낌을 받았다. 종이책, 전자책, 오디오북 등 번갈아 가며 읽으니 텔레비전 채널을 넘기는 것 같아 질리지 않았다. 다 읽고 나서 좋았던 문장들을 노트에 필사까지 하고 나면 그날은 그래도 무언가 했다는 생각에 잠을 잘 잘 수 있었다. 그렇게 몇 년간 뒤늦게 부지런히 읽으며 시간을 견디내는 방법을 알아갔다.

"그런데 무척 재미있어요! 온종일 저녁이 되기만 기다리다가 때가 되면 '바쁨' 푯말을 문에 걸어 놓고, 근사한 빨간색 목욕 가운을 걸치고, 털실 슬리퍼를 신은 다음, 등 뒤에 쿠션들을 잔뜩 받치고 카우치에 앉아 독서용 황동 램프를 팔꿈치 앞에 켜 놓고 책을 읽고 또 읽는 거예요. 한 권으로는 만족할 수 없어서 지금은 한꺼번에 네 권의 책을 일고 있답니다."[2]

위의 인용구는 소설 키다리 아저씨 속 주디의 독서법인데 그저 책을 읽는 게 다인 내용인데도 저 시간이 얼마나 즐거웠을까 싶어 나에게도 설렘과 들뜸이 고스란히 전달되었던 지라 좋아하는 문장이다. 그리고 머지않아 나의 이런 습관들은 써보고 싶다는 생각까지 이어지게 되었다. 그러나 주디처럼 나 또한 한 차례 좌절을 겪게 될 거라는 것을 몰랐다.

*

그렇게 늦게나마 학교를 다시 생각했지만, 실기로 치러지는 입시라는 관문은 내가 어떻게 할 수 없는 단

---

[2] 진 웹스터, 「키다리 아저씨」, 한유주 옮김, 허밍버드, 2016

단한 벽처럼 느껴졌다. 그러나 한번 마음을 먹었기에 우선 입학했다. 다행히 전과라는 제도가 있었다. 첫해 성실히 다니며 학점 관리를 한 덕분에 기회가 주어졌다. 계열이 아예 달라졌기에 졸업까지 한 학기가 늘어났음에도 상관이 없었다. 아니, 오히려 너무나도 아쉽게 느껴졌다. 졸업 후 바로 취업으로 이어질 현실에, 2년의 교육과정[3]을 1년 반 만에 해내야 한다는 게 걱정되었다. 과연 잘 버틸 수 있을지. 그래서 전과 후 나의 최대 목표는 다름 아닌 '적응'이었다. 갑자기 조그만 연못에서 넓은 바다로 오게 된 것 같이 느껴졌다. 이전에는 본 적 없는 정의 내릴 수 없는 색의 바다를 경험하고 있는 것 같았다. 새롭고 신기한 것들이 많았다. 다른 층의 강의실 모습도, 문예창작과에는 학과생들이 멀리 가지 않고도 책을 빌릴 수 있도록 전공도서실이 따로 마련되어 있다는 것도 새로웠지만 강의와 사람들에 비할 만큼은 아니었다. 3월 한 달 동안 수업을 듣는데, 오히려 내가 27살인 지금에야 온 것이 다행으로 생각되었다. 나의 20대 초반과는 비교도 안 되게 나이는 어려도 어른스러운 생각의 동생들. 의외로 나와 비슷한, 또 다른 이유로 늦게 학교에 온 친구와 언니들이 있었다. 그 속에서 나만 잘하면 될 것 같았다. 이기심이 아니라, 남들에게 피해를 주지 않으려는 마음 때문

---

3 현재는 3년으로 변화.

이었다. 새 물에서 잘 버티려면 우선은 가장 기본인 숨쉬기, 호흡법부터 익혀야 했다. 강의실에서도 밖에서도 알아들을 수 없는 부분들이 생겼다. 교수님들과 학우들은 꼭 나를 제외한 모두가 같은 과거를 공유하고 있기라도 한 것 같았다.

"대학에 다니면서 겪는 골칫거리들 중 하나는 제가 한 번도 배우지 못한 수많은 내용들도 당연히 알고 있으리라 여겨진다는 거예요. 당혹스러울 때가 한두 번이 아니죠. 그렇지만 이제 전 아이들이 제가 들어보지 못한 걸 얘기할 때마다 그냥 가만히 있다가 백과사전을 찾아봐요."[4]

물론 그동안 아무 준비도 하지 않은 건 아니었다. 전과를 준비하며 방학 동안 이론 책을 급하게 읽었다. 그러나 두꺼운 책들이 그렇게 단시간에 이해될 리가 없었다. 걱정은 체기처럼 계속 내 속에 얹혀있었다. 처음 시 수업에서의 합평을 앞두고였다. 내가 제출한 시는 부동산 중개인인 중년남성의 어투로 쓰인, 두 페이지 가량의 긴 산문 시였다. 합평 시간에는 늘 작가가 낭독하는 시간이 있었기에, 집에서 혼자 낭독을 해보았다. 8분이 훌쩍 넘었다. 그리고 내 목소리는 그 느낌을 전혀 살릴 수 없었다. 고민 끝에 고안해낸 것은 텍스트

---
4 각주 2와 같은 책.

음성변환 기능(tts). 내겐 오랜 전자책 독서 생활로 익숙해진 음성이었다. 어플에 시험 삼아 내 글을 넣어보자 총 낭독 속도는 절반이 줄어든 4분으로 나왔다. 낭독자도 남성으로 설정하니 내가 읽는 것보다 그럴듯해 보였다. 시간상의 이유로 시 교수님께 양해를 구하자, 다행히도 흔쾌히 허락을 해주셨다. 혹시 몰라 작가의 의도도 따로 준비해갔다. 내 합평 차례가 있던 날, 마지막 클라이맥스에서 비속어를 뜻하는 의미로 집어넣었던 특수문자들을 AI는 하나하나 정직하게 읽어내려 갔다. 여기저기서 킥킥 웃음 터지는 소리가 들렸다. 그날 그 장면이 인상 깊었는지 이후로 나를 좋게 봐주는 학우들이 생겼다. 너무나 고마운 일이었지만 한편으론 그게 나를 불안하게 만들었다. 그게 내 인생 최대 업적이 될까 봐. 시를 아는 것도 아니면서, 기교만 부린 글만 써간 꼴이라는 생각이 들었다. 어떤 과목에서든 다음 합평에선 내 밑천이 금방 드러나 버릴 것 같았다. 또 앞으로의 합평 시간에 내가 상처를 받게 될 일도, 주게 될 일도 걱정이 되었다.

그리고 문창과의 수업을 들을수록 나의 무지를 알게 되었다. 나는 입시 생활을 겪은 이들이라면 자주 들어봤을 현대 문인들을 거의 몰랐다. 김혜순, 김행숙, 최정례, 김기택, 이수명 등 시인들을 잘 몰랐고, 유명한 수상 작품집 속 한국 작가들도, 그 상의 존재도 몰랐다. 그리고 꼭 국내 작가들에 한해서만 그런 것도 아니었다. 조지 앨리엇이 여자인 것과 그녀가 황무지를 쓴 T.S. 앨리엇과는 혈연이 아닌 전혀 남남이라는 사실, 레이먼드 카버와 레이먼드 챈들러 또한 아무런 관련이 없다는 사실을 몰랐다. 심지어는 남아있는 독서기록으론 읽었으면서도 기억나지 않는 책도 있었다. 알수록 아무것도 아는 게 없는 것처럼 느껴졌다. 캄캄하고 막막한 기분이었다. 이렇듯 겉은 순조로워도 내면에는 늘 불안이 도사리고 있었다. 내가 다 망쳐버려서 국가장학금도 받지 못하고, 뒤늦은 선택마저 잘못되었음을 확실히 깨닫고, 다시 학교에 들어오기 전으로 돌아가게 된다는 불안이 항상 나를 따라다녔다. 그렇지만 내가 어렵다고 해서 피할 수는 없는 노릇이었다. 이 시기를 적절히 보내는 방법을 알고 싶었다. 그래서 나도 주디처럼 모르는 게 생기면 혼자서 무언가를 뒤적거렸다. 재학 기간은 남들보다 뒤늦게 무언가를 쫓아가던 시간의 연속이었다. 그러나 항상 그보다 먼저인 게 있었다. 문예창작과에 온 이상 계속 무언가를 써내야 했다. 과제도, 시험도. 시도, 소설도, 아동문학도, 비평이나 에세이도. 쓰려면 읽을 수밖에 없었기에 나는 같은 고민의 굴레를 반복했다.

사실 나는 글을 쓸 때 안 좋은 버릇을 가지고 있다. 글을 쓴 경험치가 짧기 때문일 텐데, 시작하는 데 어려움이 있다. 과제를 받으면 머릿속은 구상에 대한 생각으로 가득하다. 머릿속은 산만하게 뒤엉켜 있다. 그때는 한글 프로그램 커서의 깜박임만 눈으로 쫓다가 하루를 그냥 날려 보내게 된다. 하루를 헛날리는 날이 생기면 곧 불면이 오는데, 도서관에서 관련 도서 몇 권은 빌려 읽어야만 뭐라도 했다는 느낌에 잠들 수 있다. 그런 식으로 구상에 살을 붙여 나가다가 제출 막바지가 되어서야 온전히 글에 시간을 쏟게 된다. 비로소 실마리가 풀리는 순간이다. 그런 날에는 식욕도 사라지고, 만보기 어플에 하루 걸음 수가 128걸음 정도로 찍혀져 있기 일수지만, 그렇게 과제 마감을 하고 나서 느껴지는 쾌감은 무엇에도 비교할 수 없다. 건강하지 않은 방법이란 걸 머리도 몸도 체감하고 있다. 나도 훌륭한 예시들처럼 하루 몇 시간 시간을 정해놓고 쓰고 싶다. 그러나 아직까진 번번이 실패로 끝이 났다. 경험치가 쌓이고 지금보다 마음의 여유가 생기면 변화가 올까.

독서는 또 한편으로 나에게 당장 앞에 놓인 과제들에서 한눈팔기, 즉 한숨 돌릴 수 있게 해주는 것이기도 했다. 문창과에 오고 나서 오히려 문학에만 치중되어 있던 독서 패턴도 조금씩 변화가 생겼다. 문학뿐만 아니라 이론서, 문예지. 비평집. 인문학. 쉽게 쓰인 심리학, 철학, 자연 과학서에도 관심이 생기게 되었다. 그리고 다행스럽게도 교내 도서관과 전공도서실에는 내가 찾는 책이 대부분 있었다. 절판 등의 이유로 집 근처 도서관에서는 쉽게 구할 수 없는 책들도. 이를 알지 못했던 전과 초반에는, 한 강의 시간에 교수님께서 이론서를 추천해주셨는데 절판도서라 혼자서 몇 주간 쩔쩔맸던 혼자만의 작은 해프닝도 있었다. 등잔 밑이 제대로 어두운 거였다. 그런데 이런 경우를 몇 번 더 만나자, 어느 순간에는 시중에 구하기 어려운 책들이 학교 도서관에 모두 모인 것이 우연은 아니겠다는 생각이 스쳐 지나갔다. 분명 누군가의 배려들이 모인 게 아니었을까 하는 생각이 들었다. 그걸 깨닫게 된 다음부턴 나도 틈틈이 희망 도서 신청을 하고 있다. 졸업전에 내가 할 수 있는 것에 대해 생각해보고 도출된 결과였다. 연말에 도서관 장학금을 받을 만큼 항상 대출 중이던 교내 도서관, 궁금증이 생기면 찾아봤던 논문과 연구서들, 선택이었어도 응모한 투고과제, 책 만들기 수업을 위해 책과 영상으로 혼자 익혔던 인디자인. 캠퍼스 여기저기 흙을 묻히고 다니던 시간이 스쳐 지나간다. 적응을 목표로 나아감과 멈춤 사이를 부단히 오가던 시간이 이젠 끝을 향해 달려가고 있다.

  누군가 왜 이렇게까지 했느냐고 누군가 묻는다면. 후회 없고 싶어서였다. 나는 현실적인 요건들을 고려했을 때 이미 졸업 이후가 취업으로 기울어진 상황으로 입학을 한 거였다. 그리고 입학 이전에 잠깐이나

마 사회를 경험했었다. 취업 후에는 시간을 쪼개서 도전한다고 해도 지금과는 할애하는 시간에서부터 차이가 날 것이며, 그렇기에 언제 또 지금처럼 열심히 해보겠어. 라는 생각이 들었다. 내 자소서 학력란의 마지막 칸은 이미 정해져 있었기에 여기에서 최선을 다하고 싶었다. 한눈팔기를 하면서 종종 남들은 바빠서 지나칠 법한 게 눈에 보이기도 했는데 나에겐 그 시간들이 너무 좋았다. 남들보다 조금 늦은 나이에 학교에 오기까지, 대학교가 해답처럼 느껴질 때도 있었다. 그러나 직접 경험해보고 나서야, 이 또한 그저 거쳐야 할 단계 중 하나였던 걸 알게 되었다. 설렘과 들뜸, 좌절과 단념, 가끔의 심술, 아늑함과 다정함, 어찌해볼 수 없는 것들은 여전히 내 곁에 있다. 그러나 지금의 나에겐 고래를 만나려고 숱하게 거쳐온 시간들이 더없이 소중하기에, 더이상 고래의 실체는 중요한 게 아니게 되었다.

문창과라니

1판 1쇄 2024년 8월 1일
1판 2쇄 2024년 8월 21일

지은이
유명주, 최은영, 조예나, 강우진, 이지우, 김지영, 정우, 조혜령, 가빈,
김채은, 이박하, 이서희, 김유진, 이윤교, 유하늘, 흐물이, 고운정, 손장미

디자인 김택수
교정교열 Try&Geul
편집 오현지 양연주
발행인 오현지

주소 강원도 춘천시 소양고개길 50 2층
전자우편 bookmz2021@gmil.com
ISBN 979-11-983638-4-8

이 책 내용의 전부 또는 일부를 재사용하려면
반드시 저작권자와 출판사마저 양측의 동의를 받아야 합니다.